ASQUEROSOLOGÍA
animal

ediciones
iamiqué

LIBROS
CIENTÍFICAMENTE
DIVERTIDOS

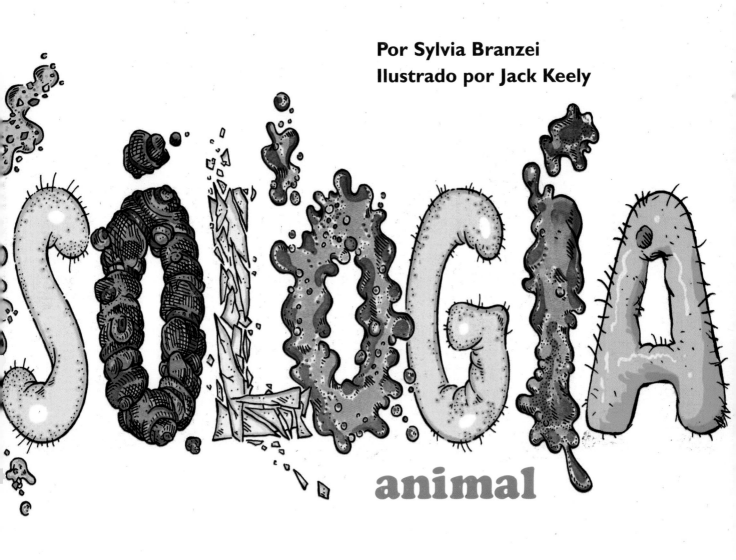

Por Sylvia Branzei
Ilustrado por Jack Keely

sologia
animal

Primera publicación en los Estados Unidos bajo el título
ANIMAL GROSSOLOGY
© del texto, **Sylvia Branzei**, 1996, 2004.
© de las ilustraciones, **Jack Keely**, 1996, 2004.
Publicación en Argentina bajo el título
ASQUEROSOLOGÍA ANIMAL
© ediciones iamiqué, 2005
Publicado por convenio con **Price Stern Sloan,**
sucesor de **Planet Dexter,** una división de Penguin Young
Readers Group, miembro de Penguin Group (USA) Inc.
Todos los derechos reservados.

Traducción: **Diego Golombek**
Adaptación: **Carla Baredes e Ileana Lotersztain**
Corrección: **Patricio Fontana**
Rediseño: **Javier Basile**
Diagramación: **Javier Basile y Santiago Pérgola**

Primera edición: abril de 2005
Quinta reimpresión: febrero de 2015
Tirada: 2000 ejemplares
I.S.B.N.: 978-987-1217-07-6
Queda hecho el depósito que establece la ley 11.723
Impreso en Argentina - Printed in Argentina

info@iamique.com.ar
www.iamique.com.ar
facebook: ediciones iamiqué
twitter: @_iamique_

Branzei, Sylvia.
    Asquerosología animal : la ciencia de las cosas que
dan asco / Sylvia Branzei ; adaptado por Carla Baredes
e Ileana Lotersztain ; ilustrado por Jack Keely. - 1a ed.
5a reimp. - Buenos Aires : Iamiqué, 2015.
    84 p. : il. ; 21x21 cm. – (Asquerosología)

    Traducido por: Diego Andrés Golombek

    ISBN 978-987-1217-07-6

    1. Ciencias Naturales-Niños. I. Baredes, Carla. II.
Lotersztain, Ileana. III. Keely, Jack, ilus. IV. Golombek,
Diego Andrés, trad. V. Título.
    CDD 570.54

Agradecimientos
Este libro está dedicado a todos los asquerosólogos principiantes y
a mis hermanas, Kris, Gloria y Aleis, por ayudarme y quererme. – S.B.

Realizado con el apoyo del Fondo Cultura B.A.
de la Secretaría de Cultura del G.C.B.A.

Y ahora, un mensaje de nuestro abogado:

Ni los editores ni el autor de este libro podrán ser hallados responsables de cualquier daño ocasionado por la realización de las actividades que en él se describen si no se han seguido minuciosamente las instrucciones, si no se ha contado con la vigilancia apropiada, o si se han ignorado las precauciones que se mencionan.

inmúndice

una introducción asquerosa

—Conocí a unas criaturas repugnantes.

—Cuéntame. Yo ya conozco cosas bastante extrañas.

—Bueno. Para empezar, son realmente grandes. Al menos 10 veces más grandes que nosotros. Y casi no tienen pelo. Sólo piel por todas partes excepto por unas pocas zonas donde sí les crece un montón.

—Suena espantoso.

—Y eso es sólo el comienzo. Hacen caca y pis en un lugar especial, lo cual está bien, hasta que te enteras de que lo comparten con otros. ¡De veras! Cuando uno de ellos está haciendo sus cosas... ¡otro puede estar esperando ansiosamente para meterse enseguida en el mismo sitio!

—¡Puajjjjjjjj!

—Huelen horrible, y lo saben. Les chorrea sudor por todo el cuerpo, así que se frotan con cosas como cera, plantas, cenizas y grasa para tapar el olor. A veces eso que se frotan los hace oler aun peor...

—Guau, no puedo esperar a contarles a mis primos.

—¡Oh, no! ¡Ahí viene uno de ellos! Pueden ser bastante feroces... yo me voy de aquí.

—Sí, mejor vámonos.

CHIPS

Si los animales pudieran hablar, seguramente discutirían acerca de las costumbres extrañas y desagradables de los humanos. Pero no pueden hablar, así que somos nosotros los que decimos cosas como **"Qué asco, una babosa"** y **"Ajjjjj, un bicho"**. Si los animales pudieran leer y escribir, tal vez publicarían libros enteros acerca de cuán repugnantes somos los humanos. Pero no pueden, así que este libro va a tratar sobre las criaturas que son realmente desagradables desde nuestro punto de vista: **sanguijuelas, babosas, piojos, mohos... y humanos.**

¡Incluyeron a los humanos en esa lista!
Como todo asquerosólogo principiante, pronto entenderás por qué.

engullidores de
vómito

¡Aquí llega el desayuno!
Rrrrrrrrrrraaaaaaaaaaaaaaaaaa
aaaaaaalllllllllllllffffffffffffffffffff.

Luego de vomitar, es muy probable que no busques una cuchara para probar lo que salió de tu boca. ¡Ajjjjj!

Sin embargo, para algunos animales, el vómito es una forma de vida. Y el líder de los adoradores del vómito es la mosca doméstica. *¡Acabo de espantar una de mi sándwich!* Probablemente, luego de probar un bocado, te dejó un vomitito de regalo. *¡Augh!*

Barf, churp, barf, churp.

Imagina lo que sería la vida si sólo comieras vómito. Aunque suene desagradable, si la mosca no lo hiciera, no sobreviviría: moriría de hambre. Piensa en una mosca que vuela en busca de un poco de emoción mosquera (a las moscas las emocionan las comiditas deliciosas). En su vuelo, se detiene aquí y allá para degustar con sus patitas lo que encuentra.

Bzzz bzzz bzzz... Stop. Probar. Degustar. No. Bzzz bzzz bzzz... Stop. Probar. Degustar. Mmmmmm, una galleta de chocolate.

La galleta de chocolate está esperando a que termines tu sándwich de queso. Mientras tanto, la mosca descubre que la galleta es dulce. Entonces, vomita sobre ella y, con su lengua esponjosa, barre el guiso de vómito y galleta. Al tiempo que terminas tu sándwich, la mosca termina su degustación y sale volando. Inmediatamente, muerdes la galleta de chocolate con vómito de mosca incluido y piensas: "Mmmmm, la galleta está más rica que de costumbre... ¿Qué tendrá de diferente?".

No es que las moscas quieran ser comensales asquerosos... Como no tienen dientes, ni tubos chupadores, ni bocas mordedoras, viven de una dieta líquida. Cuando una mosca llega a un manjar sólido, lanza sobre la comida unos jugos digestivos que la disuelven y la vuelven líquida. ¡Todo listo para que la mosca absorba la cena con su lengua!

Esto no sería tan malo si no fuera porque tienen esos pies pegajosos... ¿Pies pegajosos? Sí, en los pies tienen garras y almohadillas pegajosas. Para pasear sobre la mesa, la mosca usa sus garras; pero para hacer el truco de caminar por el techo, usa sus almohadillas. Debajo de cada garra hay pelos que gotean un líquido pegajoso. Mientras camina, la mosca levanta con los pies los gérmenes que encuentra a su paso, desparramándolos por ahí. Un experimento científico consistió en hacer caminar a una mosca sobre una placa cubierta con gelatina. Al cabo de unos pocos días se observó que en los lugares por donde había pasado la mosca se habían formado unos senderos blancos de bacterias en crecimiento.

En realidad, esto tampoco sería tan malo si no fuera porque tienen esas patas peludas... ¿Patas peludas? Sí, las moscas tienen en las patas unos pelitos que actúan como las lenguas de los humanos. Cuando una mosca aterriza sobre un pájaro muerto, los pelitos cepillan la superficie del animal, como probándolo. Si la superficie parece comestible, la boca de la mosca entra en acción vomitadora.

"Mmmmmm...
¡Paloma para la cena!"

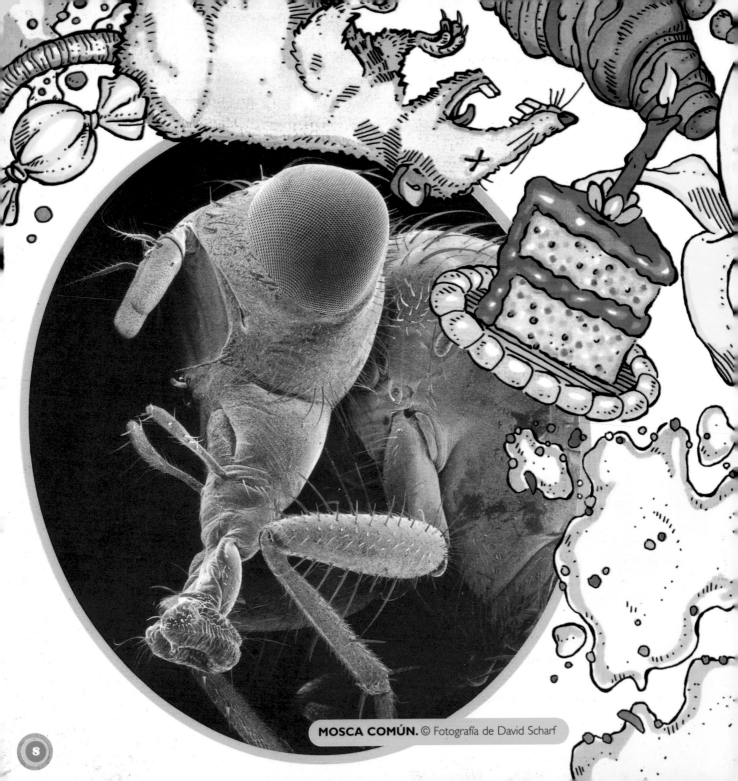

MOSCA COMÚN. © Fotografía de David Scharf

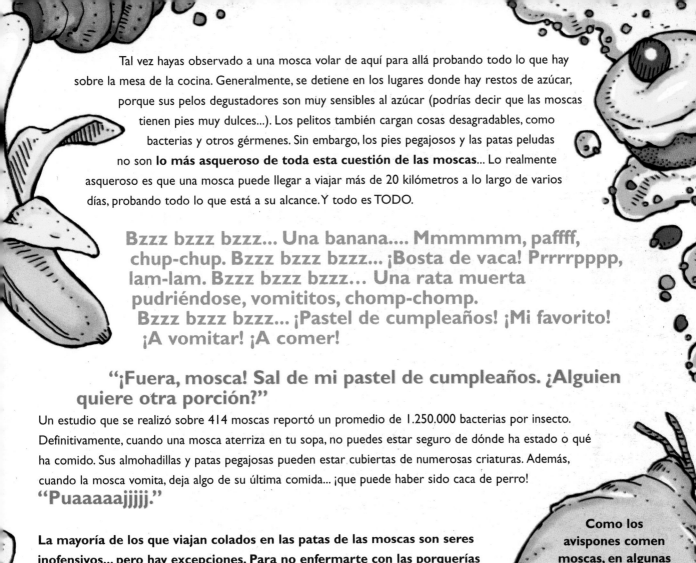

Tal vez hayas observado a una mosca volar de aquí para allá probando todo lo que hay sobre la mesa de la cocina. Generalmente, se detiene en los lugares donde hay restos de azúcar, porque sus pelos degustadores son muy sensibles al azúcar (podrías decir que las moscas tienen pies muy dulces...). Los pelitos también cargan cosas desagradables, como bacterias y otros gérmenes. Sin embargo, los pies pegajosos y las patas peludas no son **lo más asqueroso de toda esta cuestión de las moscas**... Lo realmente asqueroso es que una mosca puede llegar a viajar más de 20 kilómetros a lo largo de varios días, probando todo lo que está a su alcance. Y todo es TODO.

Bzzz bzzz bzzz... Una banana.... Mmmmmm, paffff, chup-chup. Bzzz bzzz bzzz... ¡Bosta de vaca! Prrrrpppp, lam-lam. Bzzz bzzz bzzz... Una rata muerta pudriéndose, vomititos, chomp-chomp. Bzzz bzzz bzzz... ¡Pastel de cumpleaños! ¡Mi favorito! ¡A vomitar! ¡A comer!

"¡Fuera, mosca! Sal de mi pastel de cumpleaños. ¿Alguien quiere otra porción?"

Un estudio que se realizó sobre 414 moscas reportó un promedio de 1.250.000 bacterias por insecto. Definitivamente, cuando una mosca aterriza en tu sopa, no puedes estar seguro de dónde ha estado o qué ha comido. Sus almohadillas y patas pegajosas pueden estar cubiertas de numerosas criaturas. Además, cuando la mosca vomita, deja algo de su última comida... ¡que puede haber sido caca de perro!

"Puaaaaajjjjj."

La mayoría de los que viajan colados en las patas de las moscas son seres inofensivos... pero hay excepciones. Para no enfermarte con las porquerías de las moscas:

- **Cubre la comida o no la dejes afuera cuando hay moscas.**
- **Limpia cualquier suciedad que pueda atraer moscas.**
- **Coloca mosquiteros en puertas y ventanas.**
- **Limpia la basura de tu casa y de tu jardín.**
- **Si una mosca aterriza en tu comida, descarta el pedacito que haya estado en contacto con el insecto.**

Como los avispones comen moscas, en algunas casas se cuelgan nidos de avispones para librarse de las malditas moscas.

PINGÜINOS © Fotografía de M. Phil Kahl/DRK

Al menos así funciona si eres un bebé pingüino.

Entre las aves, hay mamás y papás muy cariñosos (como las palomas, los pinzones y las garzas) que vomitan directamente dentro de la boca de sus hambrientos pichones. Otros (las gaviotas, por ejemplo) lo hacen en el piso de sus nidos, de donde los bebés recogen la comida... ¡Y no hay necesidad de limpiar! En realidad, los papás "comen" la comida que les llevan a sus bebés, pero no la digieren completamente. La palabra científica con la que se nombra al acto de vomitar comida sin digerir es **regurgitación**. A decir verdad, esta comida ni siquiera viene del estómago: cuando los padres tragan, la comida pasa por la garganta y se almacena en una bolsa llamada **buche**. Una vez en el nido, la comida sale del buche... ¡un buen recurso si uno no tiene alacenas o despensa donde guardar cosas!

Este repugnante acto de amor paternal funciona muy bien para las aves. Los pichones comen tanto, tanto, que hasta pueden engullir por día su propio peso en comida. Como puede administrar el alimento para sus pichones, un ave que regurgita debe abandonar el nido mucho menos que una que debe buscar comida cada vez que sus hijos están hambrientos. Conclusión: un vómito guardado en el buche es mucho más rendidor que dos lombrices en la boca. Además, es más fácil repartir entre las crías un vómito que un grillo.

"¡Recuerdan cuando éramos pequeños, y papá y mamá nos lanzaban ese maravilloso vómito de lombriz?"

"La verdad es que lo extraño..."

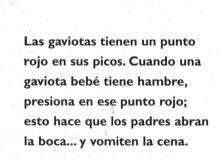

Las gaviotas tienen un punto rojo en sus picos. Cuando una gaviota bebé tiene hambre, presiona en ese punto rojo; esto hace que los padres abran la boca... y vomiten la cena.

11

rumrum

"¿Qué haces?"
"Nada, sólo estoy rumiando el bolo."

Comer, tragar, devolver, masticar el vómito, tragar, devolver... Así es la vida de una vaca. En realidad, también así es la vida de las cabras, los camellos, los ciervos, los antílopes, las jirafas y las ovejas. Todos estos animales pasan unas cuantas horas del día rumiando una asquerosidad llamada "bolo".

El masticador de bolo, o **rumiante**, guarda comida para más tarde. De esta manera, si siente hambre de noche, no necesita ir hasta la despensa: sólo tiene que escupir un poco de comida y remasticarla. Pero lo cierto es que los rumiantes no hacen esto por elección; de otro modo, les resultaría imposible digerir la comida. Es más: si tuvieran estómagos como los nuestros, no podrían aprovechar lo que comen y sufrirían constantes dolores de tripas. Pero gracias a sus estómagos especializados... ¡todo está solucionado!

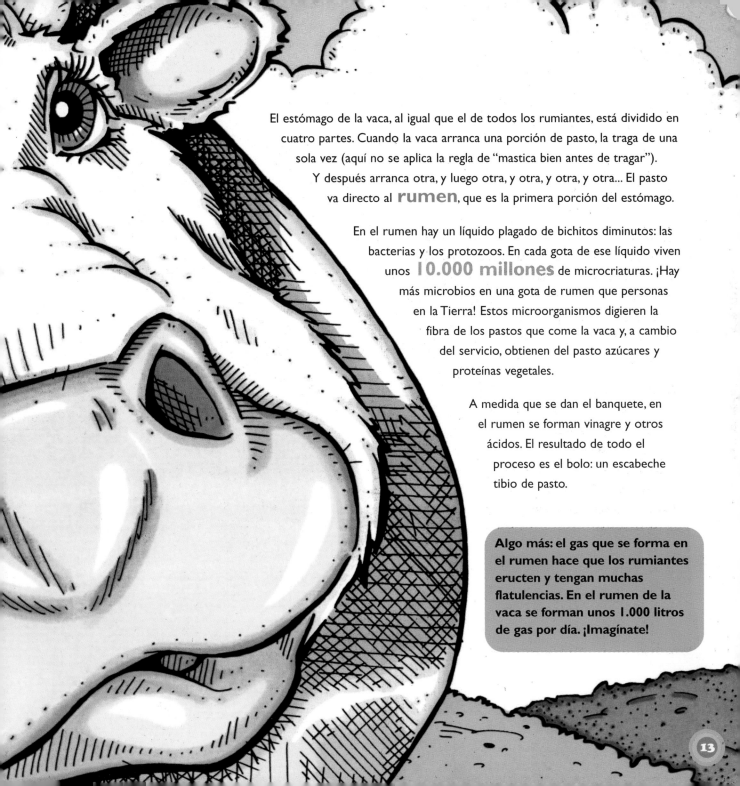

El estómago de la vaca, al igual que el de todos los rumiantes, está dividido en cuatro partes. Cuando la vaca arranca una porción de pasto, la traga de una sola vez (aquí no se aplica la regla de "mastica bien antes de tragar").

Y después arranca otra, y luego otra, y otra, y otra, y otra... El pasto va directo al **rumen**, que es la primera porción del estómago.

En el rumen hay un líquido plagado de bichitos diminutos: las bacterias y los protozoos. En cada gota de ese líquido viven unos **10.000 millones** de microcriaturas. ¡Hay más microbios en una gota de rumen que personas en la Tierra! Estos microorganismos digieren la fibra de los pastos que come la vaca y, a cambio del servicio, obtienen del pasto azúcares y proteínas vegetales.

A medida que se dan el banquete, en el rumen se forman vinagre y otros ácidos. El resultado de todo el proceso es el bolo: un escabeche tibio de pasto.

Algo más: el gas que se forma en el rumen hace que los rumiantes eructen y tengan muchas flatulencias. En el rumen de la vaca se forman unos 1.000 litros de gas por día. ¡Imagínate!

13

El rumen puede tener
más de 100 kilos de
materia en digestión.

Entre los rumiantes la ley es al revés: "todo lo que baja tiene que subir"...

Una vez que se formó el bolo en el rumen, la comida desanda el camino y vuelve a la boca.

Entonces, tranquila y sin apuro, la vaca se dedica a masticar...

Y mientras mastica, tritura las partículas de fibra y las deja más aprovechables. Además, la saliva ayuda a digerir y neutraliza los ácidos de la mezcla. La vaca masca y masca el pastelito de vómito durante varias horas, hasta que lo traga como si se tratara de un segundo y delicioso plato.

El estómago de una vaca equivale, en tamaño, a nueve estómagos humanos.

Otra vez en el rumen, las bacterias vuelven a entrar en acción y reanudan la digestión. A medida que esto sucede, la segunda parte del estómago —llamada "redecilla"— supervisa el trabajo del rumen y selecciona los pedacitos de fibra (o lo que queda de ella) que ya están listos para pasar a la tercera porción. "No. Lo siento. Están muy grandes aún. Vuelvan al rumen." "Ustedes ya están listos. Adelante."

La tercera porción del estómago (el omaso) es donde se absorben los líquidos y se concentra el alimento. Ya está todo listo para pasar al abomaso —la cuarta porción—, la sección más parecida a nuestro estómago: allí están los jugos que procesan todo lo que no se pudo digerir en el rumen (incluidos los microbios, que son una parte importante de la dieta del rumiante). El último tramo es similar al de muchos animales: de allí al intestino, del intestino al colon, de allí al ano y... **¡plop!**

Los humanos fabricamos aproximadamente un litro de saliva por día; las ovejas y las cabras, unos quince... y las vacas, casi 200 litros diarios.

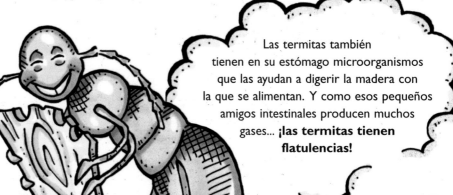

Las termitas también tienen en su estómago microorganismos que las ayudan a digerir la madera con la que se alimentan. Y como esos pequeños amigos intestinales producen muchos gases... **¡las termitas tienen flatulencias!**

Prueba esto con algún sabelotodo.

Toma una hoja de papel y pídele al voluntario que dibuje un animal que responda a la siguiente descripción: "No tiene cabeza ni cerebro. La mayoría de los animales de su tipo tiene cinco o más brazos, pero no tiene dedos. Debajo de cada brazo hay pies —que se ubican, en general, por pares—, pero no tiene piernas. Puede haber más de 1.000 pies. En el centro tiene una boca, pero no tiene dientes. Está cubierto de pequeños chichones o espinas, y viene en varios colores: violeta, rojo y amarillo".

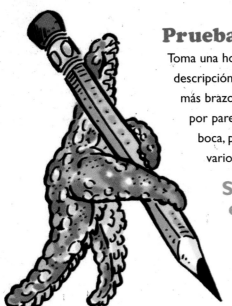

Seguramente vas a obtener dibujos muy extraños... Para tu sorpresa, acabas de describir a las estrellas de mar en forma muy precisa.

Las estrellas de mar viven en todos los océanos del mundo. La mayoría se parece a las estrellas de cinco puntas que haces en tus dibujos. Esas cinco puntas son los brazos de la estrella de mar. Y la parte central es el cuerpo. Debajo de los brazos hay filas de pies... sin piernas (¡hasta 1.200 pies!).

Los pies no tienen dedos ni garras: son como tubos con pequeñas ventosas en la punta, que los ayudan a fijarse en los lugares por donde pasan. La verdad es que las estrellas de mar son criaturas bastante extrañas.

Todo muy interesante, pero...
¿qué hay con el vómito de la estrella de mar?

Este animal se alimenta mediante un tipo de regurgitación bastante curioso. La estrella empuja su estómago y lo saca por la boca, come, digiere... y vuelve a meter el estómago en su lugar. Algo así como vomitar al revés.

¡Imagínate si las personas comiéramos de esta manera!

La estrella de mar vaga por el fondo del océano en busca de algún animal para comer. Si, por ejemplo, encuentra una almeja, envuelve el caparazón con sus brazos y se sujeta firmemente con las ventosas de sus pies. (¡Y pensar que hay quienes le temen al "abrazo del oso"!) Una vez que está bien adherida a su presa, tira para abrir el caparazón. Sólo necesita una hendidura del espesor de este papel para comenzar a cenar. Acto seguido, la bestia hambrienta "vomita" el estómago, que se cuela por la estrecha hendidura y, una vez adentro, libera sustancias químicas que digieren el cuerpo de la presa. Cuando el contenido está más o menos líquido, la estrella chupa lo que queda de la almeja —junto con su propio estómago— hacia el interior de su boca.

¿Crees que las estrellas de mar eructan luego de una buena cena?

Los excrementos de foca son la comida favorita de un tipo de estrella de mar de la Antártida.

Cuando son atacadas, algunas estrellas de mar pierden uno o dos brazos, que luego se regeneran. Antes de que se conociera este mecanismo, los pescadores de almejas y ostras, preocupados porque las estrellas les hacían competencia, las cortaban en pedazos y las arrojaban al mar. En lugar de librarse de ellas, obtenían el efecto contrario: algunos pedazos se regeneraban en nuevas estrellas de mar, y había estrellas por todos lados...

Algunos animales vomitan a menudo, pero no para engullirse su propio vómito...

A diferencia de los humanos, que devolvemos la comida cuando estamos enfermos, nerviosos o mareados, los **"vomitadores naturales"** lo hacen cuando se sienten bien. Es más: si no vomitaran, se sentirían realmente mal.

Algunas **ranas** vomitan a sus crías al mundo. ¿Cómo? ¿Los vomitan? Sí, sus bebés son literalmente arrojados a la vida. La **rana incubadora de Australia** vive en un único país (adivina cuál). Luego de que el macho fertiliza los huevos, la madre se traga hasta veinte, que van a parar derechito a su estómago. Para evitar que los huevos se conviertan en una omelette, el estómago deja de producir los ácidos gástricos que digieren la comida. Durante las cinco semanas en las que se desarrollan los bebés rana, la futura mamá no come (de todos modos, no podría digerir nada). Al cabo de este tiempo, los huevos se convierten en ranitas completas —no en renacuajos— que son escupidas por la mamá (a quien seguramente no le interesa comer ancas de rana).

croak croak croak raaaallllffff!

18

"¿Tienes un sapo en la barriga?"
"No, varias docenas en la garganta..."

Los machos de las llamadas "ranas de Darwin" atraen a las hembras mediante el canto. Para nosotros, más que un canto parece un croar. Pero las hembras de esta especie lo deben encontrar bastante romántico, porque apenas se encuentran con uno de estos machos cantores, se aparean (amor a primera oída, ¿no?). Luego del apareamiento, la hembra se va —en esta historia, el instinto maternal está ausente—, y el macho se queda cuidando los huevos. Antes de que las ranitas salgan del cascarón, el padre junta los huevos... y se los traga. El truco es que los huevos no van a parar a la barriga sino al saco vocal (esa parte del cuello de las ranas y de los sapos que se hincha cuando cantan).

Obviamente, mientras las ranitas se desarrollan dentro de los huevos, el macho no puede cantar. Cuando llega el momento, las nuevas ranas son "vomitadas" (¿o eructadas?) al mundo.

Charles Darwin fue un gran naturalista inglés que estudió muchos animales antes de proponer su teoría de la evolución. De viaje por Chile, encontró una extraña rana que, tiempo después, y para homenajearlo, fue nombrada "rana de Darwin".

19

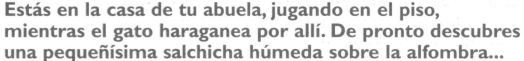

Estás en la casa de tu abuela, jugando en el piso, mientras el gato haraganea por allí. De pronto descubres una pequeñísima salchicha húmeda sobre la alfombra...

La inspeccionas detenidamente: es una salchichita húmeda y... peluda. Luego, desde el sillón, llega a tus oídos un ruido inconfundible, y el gatito vomita otra deliciosa, tibia y peluda mini-salchicha... ¡Qué tierno! Es una bola de pelo fresca toda para ti. Ahora puedes comenzar tu propia colección de bolas de pelo.

Si quieres ser realmente desagradable, o si eres muy curioso, puedes disecar la bola de pelo. Si la deshaces, descubrirás que está hecha mayormente de –adivina qué...– pelo. Los gatos no van por ahí comiendo pelo, pero tragan un poco cuando se asean con sus lenguas raspadoras. Como el estómago no puede digerir el pelo, se forman manojos que tienen sólo dos formas de salir: **vómito o caca**.

Eliminar los manojos de pelo con la caca puede ser difícil porque el intestino tiene muchas curvas y las bolas de pelo pueden quedar atascadas... y eso no es bueno porque el gatito va a quedar estreñido. Para ayudarlo a ir al baño, el veterinario probablemente recomendará un **laxante**. Si esto no funciona, las soluciones pueden ser dos: algunos supositorios o una operación.

Conclusión: la ruta de la caca no parece funcionar muy bien.

Para que el gatito no sufra de *estreñimiento gatuno*, lo mejor es peinarlo. Los gatos cambian el pelaje en algunas estaciones y cuando están estresados. Durante esos períodos, mientras se lamen, remueven el pelo que está suelto. Si lo cepillas bien, el gato podrá lamerse sin tragar pelo y no tendrá bolas peludas en la panza.

A menos, por supuesto, que realmente quieras tener una colección de bolas de pelo de gato.

Los gatos vomitan bolas de pelo propio.
Las lechuzas, en cambio, vomitan bolas de pelo ajeno.

No, las lechuzas no juntan pelo porque limpian con su lengua a otros animales...
sino ¡porque se los comen enteros!

Las lechuzas son unos devoradores increíbles.

Un investigador le sirvió a una lechuza unos apetitosos ratones para almorzar. ¿Sabes cuándo se dio por satisfecha? ¡Después de comer el noveno! Y tres horas más tarde ¡se comió tres ratones más de postre!

A la hora de comer, los modales de este experto cazador dejan bastante que desear.
Luego de capturar una presa, la gira y la coloca de frente. Si la lechuza tuviera dientes, seguramente la masticaría. Pero no los tiene, así que se traga "todo junto", comenzando por la cabeza...
Unas horas después de terminar el banquete, vomita un paquete de pelo, plumas, dientes, garras y huesos llamado *pellet* (que en inglés significa "bola" o "bolita"). Para empeorar las cosas, la muy asquerosa arroja el vómito por el aire, como si fuera un proyectil.
Los *pellets* quedan en el suelo y suelen convertirse en casa y comida de polillas, escarabajos y mohos.
Para las polillas, ese vómito de pelos también sirve de maternidad, porque allí depositan sus huevos.
Al cabo de un tiempo, las orugas que salen de los huevos hacen capullos entre las sobras de pelo que hay en el *pellet*, donde finalmente nacen las nuevas polillitas.

A veces los *pellets* no quedan en el suelo por mucho tiempo porque las personas los recogen.

¿Por qué alguien querría llevarse paquetes de vómito de lechuza? ¡Puajjjjjjjj!

De hecho, los *pellets* son objetos muy interesantes. En el estómago de las lechuzas se digieren las partes de las presas que se pueden aprovechar, y el resto se junta en *pellets*. Como las lechuzas comen animales enteros, los esqueletos completos de las presas quedan encerrados en el paquete vomitado. Un *pellet* promedio (de unos 5 centímetros) puede contener los esqueletos de tres presas. Los investigadores analizan los *pellets* para saber qué comen las lechuzas y tener una idea de qué presas abundan en el lugar. Como los jugos digestivos del estómago digieren toda la carne de los huesos, los esqueletos de las presas se pueden armar y pegar. De esta manera, el vómito de la lechuza sirve para el entretenimiento y la información de muchas personas.

¿Quiénes son más raros: las lechuzas o los humanos?

Las lechuzas no pueden mover los ojos, pero pueden girar sus cabezas casi en un círculo completo. ¿Crees que pueden vomitar mientras giran la cabeza? ¡Qué buen truco sería! Deberían incluirlas en las películas de terror...

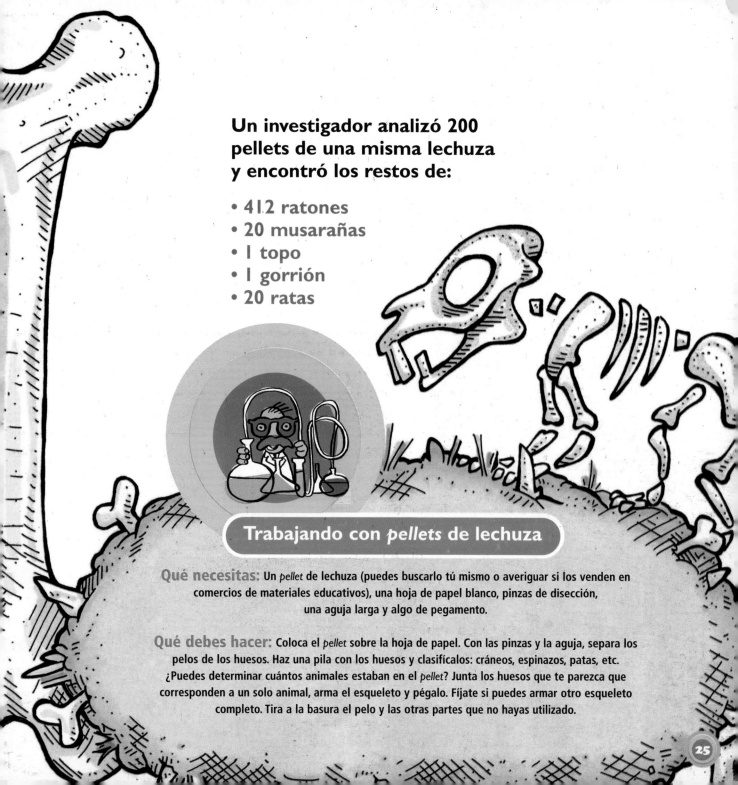

Un investigador analizó 200 pellets de una misma lechuza y encontró los restos de:

- 412 ratones
- 20 musarañas
- 1 topo
- 1 gorrión
- 20 ratas

Trabajando con *pellets* de lechuza

Qué necesitas: Un *pellet* de lechuza (puedes buscarlo tú mismo o averiguar si los venden en comercios de materiales educativos), una hoja de papel blanco, pinzas de disección, una aguja larga y algo de pegamento.

Qué debes hacer: Coloca el *pellet* sobre la hoja de papel. Con las pinzas y la aguja, separa los pelos de los huesos. Haz una pila con los huesos y clasifícalos: cráneos, espinazos, patas, etc. ¿Puedes determinar cuántos animales estaban en el *pellet*? Junta los huesos que te parezca que corresponden a un solo animal, arma el esqueleto y pégalo. Fíjate si puedes armar otro esqueleto completo. Tira a la basura el pelo y las otras partes que no hayas utilizado.

chupadores de sangre

La próxima vez que quieras comer algo sabroso, prueba esta receta:

Sopa de sangre

Escurre la sangre de un pato en una olla.

Agrega algo de carne de pato, perejil, apio, cebolla y unas ciruelas secas. Luego hierve y sirve esta deliciosa... ¡sopa de sangre!

¿Quién quiere un poco?

De acuerdo... puede que la sopa de sangre no sea tu bebida favorita, pero muchos polacos la consideran un manjar.

Intentemos otra receta para ver si se excitan tus receptores gustativos: encuentra un buey, hazle un corte en una vena y recoge la sangre en una pequeña calabaza; agrega un poco de leche fresca, agita y sirve este delicioso... ¡batido de sangre y leche! ¡Salud!

¿Qué? ¿Tampoco te gusta este batido que toman los Masai en África? ¿Prefieres un buen filete de carne chorreante, entonces?

¿Se te hace agua la boca?

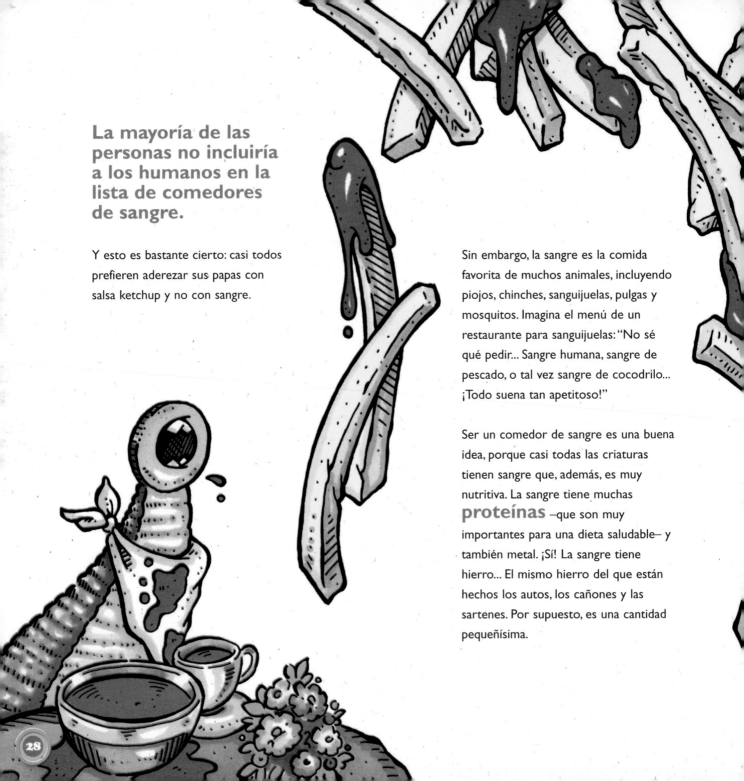

La mayoría de las personas no incluiría a los humanos en la lista de comedores de sangre.

Y esto es bastante cierto: casi todos prefieren aderezar sus papas con salsa ketchup y no con sangre.

Sin embargo, la sangre es la comida favorita de muchos animales, incluyendo piojos, chinches, sanguijuelas, pulgas y mosquitos. Imagina el menú de un restaurante para sanguijuelas: "No sé qué pedir... Sangre humana, sangre de pescado, o tal vez sangre de cocodrilo... ¡Todo suena tan apetitoso!"

Ser un comedor de sangre es una buena idea, porque casi todas las criaturas tienen sangre que, además, es muy nutritiva. La sangre tiene muchas **proteínas** –que son muy importantes para una dieta saludable– y también metal. ¡Sí! La sangre tiene hierro... El mismo hierro del que están hechos los autos, los cañones y las sartenes. Por supuesto, es una cantidad pequeñísima.

Cuando el hierro se combina con el oxígeno, se forma un óxido de color rojizo. Y es justamente esta combinación la que le da a la sangre ese intenso color rojo (aunque también hay animales con sangre clara o de color azul).

¿Alguna vez notaste que cuando una pulsera de cobre se oxida se torna bellamente azulada? Algunos animales –las langostas, los cangrejos, los langostinos, varias arañas y algunos caracoles y babosas– tienen cobre en la sangre, y por eso su sangre se ve de color azul (aunque no pertenezcan a la nobleza).

Sí, como ocurre en los insectos, la sangre no tiene metales, tampoco tiene color y se ve ¡transparente! Además de proteínas y metales, la sangre es más que nada agua salada: un menú ideal para los comedores de sangre.

La sangre de las cucarachas es blanca.

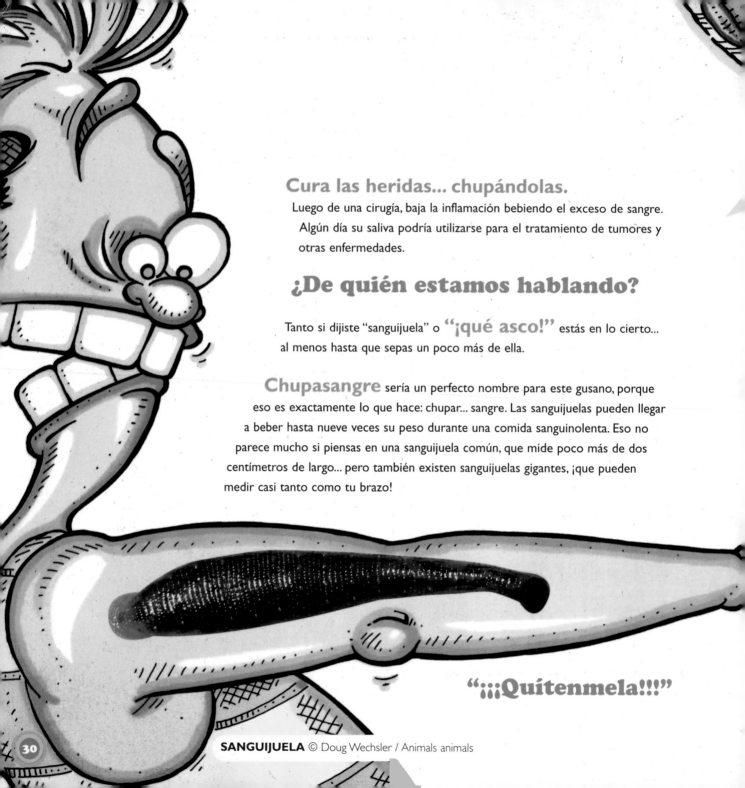

Cura las heridas... chupándolas.

Luego de una cirugía, baja la inflamación bebiendo el exceso de sangre. Algún día su saliva podría utilizarse para el tratamiento de tumores y otras enfermedades.

¿De quién estamos hablando?

Tanto si dijiste "sanguijuela" o **"¡qué asco!"** estás en lo cierto... al menos hasta que sepas un poco más de ella.

Chupasangre sería un perfecto nombre para este gusano, porque eso es exactamente lo que hace: chupar... sangre. Las sanguijuelas pueden llegar a beber hasta nueve veces su peso durante una comida sanguinolenta. Eso no parece mucho si piensas en una sanguijuela común, que mide poco más de dos centímetros de largo... pero también existen sanguijuelas gigantes, ¡que pueden medir casi tanto como tu brazo!

"¡¡¡Quítenmela!!!"

SANGUIJUELA © Doug Wechsler / Animals animals

Ni siquiera las anguilas eléctricas pueden detener a las voraces sanguijuelas: se han encontrado miles de ellas prendidas a una sola anguila. **¡Horrible!**

La sedienta sanguijuela posee dos ventosas: una está al final del cuerpo; la otra, que tiene dientes muy filosos, en la parte de adelante. Con la ventosa de atrás (en cuyo centro está el ano) se pega a su cena viviente y, con la de adelante, le abre la piel. Por la herida le inyecta a su víctima —o, mejor dicho, le escupe— una saliva especial que disminuye el dolor y evita que la sangre se coagule y deje de fluir.

Después, sólo es cuestión de chupar sangre con la ayuda de los poderosos músculos de su garganta. El festín puede durar varias horas. A medida que traga, el cuerpo de la sanguijuela se hincha y se hincha. Cuando está llena y gordita, se desprende de la presa y espera algunos meses, hasta que le vuelva el apetito...

A la víctima le queda la huella de su paso: **un corte en forma de Y.**

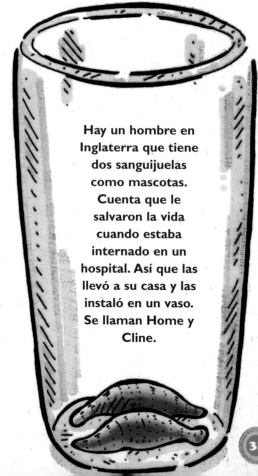

Hay un hombre en Inglaterra que tiene dos sanguijuelas como mascotas. Cuenta que le salvaron la vida cuando estaba internado en un hospital. Así que las llevó a su casa y las instaló en un vaso. Se llaman Home y Cline.

La palabra **sanguijuela** puede hacerte temblar de impresión, o recordarte a alguien en particular. También se usa esta palabra (o "chupasangre") para referirse a las personas que se aprovechan de otras. Sin embargo, la palabra inglesa para sanguijuela (*leech*, que se pronuncia liich) se usaba antiguamente para nombrar a los **médicos**, ya que durante siglos se utilizaron estos gusanos para tratar enfermedades.

Hace muchísimos años se creía que ciertas dolencias eran provocadas por la "mala sangre" y, por eso, se ponían sanguijuelas a chupar la sangre del paciente. En el año 1846, el uso medicinal de sanguijuelas era tan popular que solamente en Francia llegaron a usarse más de 20 millones...Y en una granja de Estados Unidos llegaron a venderse unos 1.000 gusanos por día, lo que casi provoca la extinción de las sanguijuelas. Lo creas o no, las sanguijuelas nuevamente están ganando popularidad para su uso en algunas operaciones.

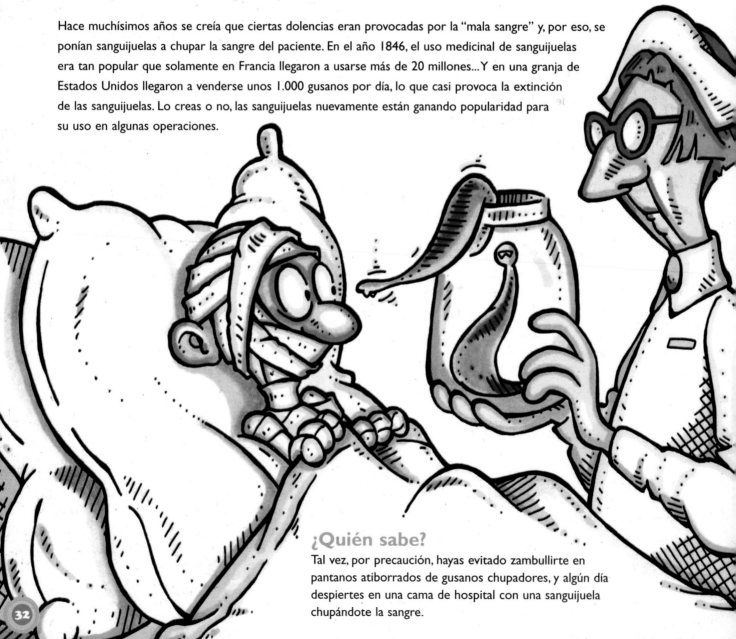

¿Quién sabe?

Tal vez, por precaución, hayas evitado zambullirte en pantanos atiborrados de gusanos chupadores, y algún día despiertes en una cama de hospital con una sanguijuela chupándote la sangre.

Justo cuando creías que bastaba con que las aguas estuvieran libres de sanguijuelas... aparece el bagre espinoso o pez candiru para arruinarte el baño.

Este pequeño monstruo, casi tan delgado como una aguja y de un par de centímetros de largo, tiene un hábito bastante peculiar: nada dentro de las branquias de los peces y allí se hace un banquete con la sangre fresca que encuentra.

No hay problema: yo no soy un pez. ¡Sí hay problema!

Si te bañas —o haces pis— en aguas donde hay peces candiru, el pequeñín puede confundir los orificios de tu cuerpo con las branquias de algún pez e ingresar a tu cuerpo por el mismo tubo por donde sale el pis (¡ay!).
Una vez adentro, se aferrará al tejido con las púas que tiene en la cabeza y se dedicará a chupar tu sangre (¡ay, ay!). Como su cabecita es puntiaguda, resulta muy difícil quitarlo, a menos que te hagan una cirugía (¡ay, ay, ay!).

"Esteeee... disculpe, doctor, estaba haciendo pis en el río y me traje este pequeño amiguito."

A decir verdad, no es muy probable que te cruces con un pez candiru: sólo vive en algunas zonas de los ríos Orinoco y Amazonas.

¡Y ahora me lo dices!

pic, pic, pic... pica

Estás durmiendo profundamente y de pronto despiertas con un dolor en el costado. Tocas donde duele y encuentras un pequeño punto duro: "Qué curioso, una lastimadura. No recuerdo haber puesto alfileres en la cama".

Vas al baño para observar mejor la herida, y cuando la tocas... se mueve. **"¡Ajjjjjjjjj! No es una lastimadura, es una garrapata."** Tiemblas, sudas, sientes escalofríos... Todavía estremecido, tomas una pincita y tiras del invasor... pero cuando miras lo que sacaste, te das cuenta de que son sólo el cuerpo y las patas de la garrapata. ¡La cabeza se ha quedado contigo, incrustada en tu cuerpo! ¡Socorro! ¿Habrá que desenterrarla?

¡Sientes otro horroroso invasor caminando! No es posible... debe ser tu imaginación. Aunque si la garrapata que decapitaste era una hembra, es muy probable que haya un pequeño macho dando vueltas por allí.

Las garrapatas tienen una posición bastante privilegiada en el mundo de la asquerosología animal (aunque, claro, posiblemente ellas no estén muy de acuerdo). Estos animales sólo comen tres veces a lo largo de los dos años que dura su vida. Y su menú es muy particular: la sangre de un mamífero o de un ave. El bebé garrapata viene al mundo rodeado de unos pocos hermanitos y hermanitas –¡unos cuatro o cinco mil!–. Los recién nacidos (o larvas) suben a una hoja de pasto y esperan pacientemente a que pase el portador de su primera comida. **Muy** pacientemente... porque pueden transcurrir varios meses hasta que pase un ratón o un pájaro por ese mismo lugar.

GARRAPATAS © James H. Robinson / Photo Researchers, Inc.

En compañía de algunos cientos de sus hermanos y hermanas, la pequeña larva se trepa a su recién llegado desayuno, empuja su hocico y su boca con forma de arpón debajo de la piel de su hospedador, se adhiere con su saliva pegajosa y comienza a chupar. A medida que come, su panza se vuelve más y más y MÁS grande, y la parte de abajo de su cuerpo se estira, se estira y se estira como si fuera un inmenso globo de sangre. El tamaño de la garrapata aumenta varias veces debido a este desmedido crecimiento del estómago.

Varios días después del banquete, la garrapata –que todavía es un bebé– desprende la cabeza y abandona a su víctima. Durante los meses siguientes, digiere su primera comidita mientras le crece otro par de patas (hasta llegar al total de ocho patas) y se convierte en una garrapata adolescente, o **ninfa**. Ya crecidita, está lista para el almuerzo.

La ninfa espera y espera, tratando de localizar algún animal con rica sangre. Para hacerlo, detecta el dióxido de carbono proveniente de la respiración o una sustancia (el ácido butírico) que libera la piel de su futura comida. Una vez que llega el almuerzo, la garrapata se sube, come hasta casi reventar y nuevamente se baja para hacer la digestión. Una vez que se ha convertido en una adulta, se muda a un arbusto o a un árbol pequeño y espera...

Después de hacer una excursión por un lugar infestado de garrapatas, un perro puede volver a casa con cientos de ellas. ¡Prepara la pinza!

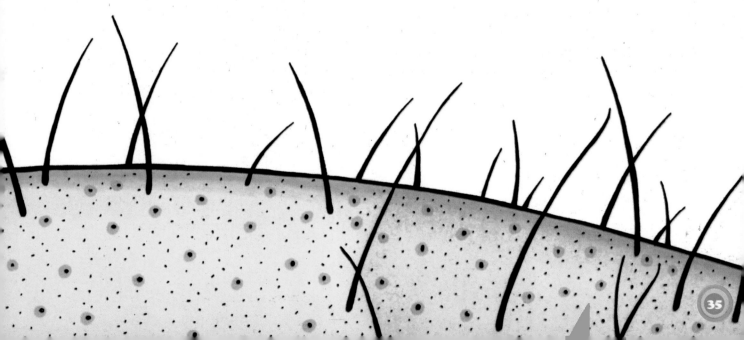

35

Las aves migratorias "ayudan" a las garrapatas a mudarse a lugares lejanos.

Luego, adivina qué: llegó la hora de la cena. Esta vez, se trata de una comida mucho más abundante: un perro, un ciervo... o tú mismo. Pero sólo las hembras están interesadas en cenar; los machos tienen otros planes. Luego de que la hembra se entierra en su víctima, el macho se aparea con ella, luego se desprende y muere. Ella termina tranquila su cena, se suelta, pone los huevos... y también muere. Telón.

Síntesis argumental: la garrapata nace, chupa sangre, crece, chupa sangre, crece un poco más, chupa sangre, se reproduce y muere. Nada de fiestas, nada de picnics, y nada de comidas exóticas como galletas o naranjas.

Al fin de cuentas, las garrapatas no parecen tan malvadas. En realidad, no lo son: tienen mala reputación porque algunas transportan dentro del tubo digestivo otros bichitos que causan enfermedades bastante graves, como la enfermedad de Lyme o un tipo de fiebre con manchas. De cualquier manera, para no enfermarte, deberás evitar a la inocente garrapata.

Éstas son algunas precauciones:

• Saca la garrapata con una pinza tirando suavemente. Si tiras de golpe, la cabeza puede quedar en la piel.

• Observa bien la piel donde está la picadura de la garrapata: si se forma un anillo alrededor, tendrás que consultar con el médico.

• Si vas de campamento, será mejor que metas los pantalones dentro de las botas y te pongas un buen repelente (o aceite de poleo).

• Al regresar del campamento, asegúrate de que ni tú ni tus mascotas traigan consigo garrapatas. Cuanto más tiempo estén aferradas al cuerpo, mayor será la posibilidad de desarrollar una enfermedad.

"No te juntes con las niñas, porque siempre tienen piojos."

Este consejo discriminatorio tiene algo de cierto: las niñas son más propensas a tener piojos que los niños. Un estudio realizado en varias escuelas por el Centro para el Control de las Enfermedades (Estados Unidos) arrojó que el 10% de las niñas tiene piojos, en comparación con el 7% de sus compañeros varones. Y vaya si son contagiosos...

¡Ojo al piojo! Las personas lo somos todo para estos animales: casa, comida, baño y cementerio. "No puedo vivir sin ti", podría declararte un piojo. Y estaría en lo cierto, ya que fuera del cuerpo humano sólo pueden sobrevivir unos pocos días. Y no es sólo su estilo de vida lo que mantiene a los piojos unidos a tu persona: cada uno de estos animalitos posee seis patas provistas de unas poderosas garras que le permiten aferrarse a tu cabello, de donde no lo sacan ni la lluvia, ni el viento... ni los cepillos.

Los piojos vienen en tres modelos diferentes. Elige el que más te guste. Por un lado, están los más populares de la escuela: los que se instalan en el cabello (aunque algunos optan por los suburbios: las cejas y la barba). En cambio, los piojos púbicos prefieren los pelos de las axilas o los de... tú sabes... las partes más privadas. Por último, están los piojos del cuerpo, que se mueven libremente y viven en la ropa y en las sábanas, mordiendo cualquier piel que tengan a mano (o, mejor dicho, a garra).

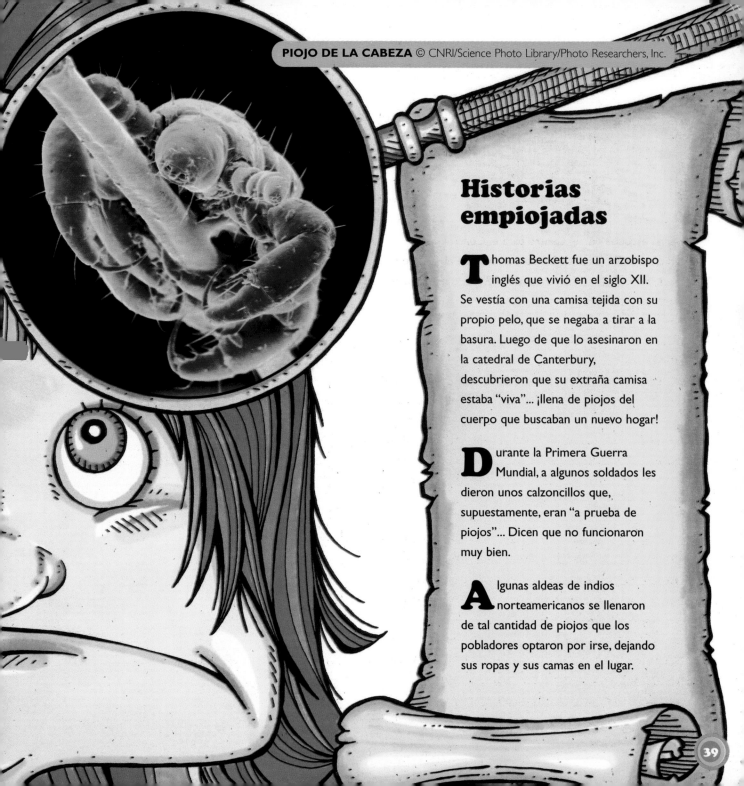

Historias empiojadas

Thomas Beckett fue un arzobispo inglés que vivió en el siglo XII. Se vestía con una camisa tejida con su propio pelo, que se negaba a tirar a la basura. Luego de que lo asesinaron en la catedral de Canterbury, descubrieron que su extraña camisa estaba "viva"... ¡llena de piojos del cuerpo que buscaban un nuevo hogar!

Durante la Primera Guerra Mundial, a algunos soldados les dieron unos calzoncillos que, supuestamente, eran "a prueba de piojos"... Dicen que no funcionaron muy bien.

Algunas aldeas de indios norteamericanos se llenaron de tal cantidad de piojos que los pobladores optaron por irse, dejando sus ropas y sus camas en el lugar.

En realidad, no importa qué tipo de piojos prefieras: son ellos los que te escogen a ti.

No poseen alas, así que no pueden volar. Llegan después de pasar de persona en persona, arrastrándose con sus seis patas ganchudas. De modo que si quieres piojos, todo lo que debes hacer es acercarte a alguien que ya los tenga.

Si deseas específicamente piojos del cuerpo, puedes dormir en la misma cama de alguien que los tenga, o pedirle prestada alguna linda prenda de vestir...

Para tener piojos púbicos... ejemmm... ya sabes...

Los piojos de la cabeza son los más fáciles de obtener: basta con compartir un sombrero, intercambiar un peine, o abrazarse efusivamente. Son mascotas ideales porque se adaptan muy rápidamente a su nuevo hogar y no hay necesidad de comprarles comida: usan sus pequeñas lanzas picadoras para perforar tu piel y succionar la sangre con la que se alimentan. Y son mucho más sencillos de entretener que un perro o un gato: basta con que te pique la cabeza o el cuerpo para saber que están felices.

Y cuando están felices, se reproducen en tu cabeza (¡qué asco!). Una "pioja" puede poner hasta seis huevos diarios, que quedan pegados en la base del pelo por unos diez días... Hasta que nacen los piojos bebé (¡cuánta ternura!), que se alimentan y pronto comienzan a reproducirse. Luego de un mes, tu cabeza será el cálido y dulce hogar de una familia numerosa y feliz.

Los minúsculos huevecillos plateados que la mamá piojo pega en el pelo se denominan "liendres" y son mucho más resistentes a los piojicidas que los propios piojos. Por eso, los tratamientos químicos no son completamente efectivos si no se remueven las liendres pelo por pelo.

A principios del siglo XX se descubrió que el poderoso insecticida DDT mataba a los piojos y se procedió a desinfectar a niños y adultos con grandes cantidades de este compuesto. Años más tarde se comprobó que el DDT es nocivo para el cuerpo y se prohibió su uso.

"¡Me pica! ¡No puedo dejar de rascarme! ¡Parezco una granja de piojos! ¡Necesito deshacerme de ellos!"

Una forma de sacarse los piojos de la cabeza es cazarlos y removerlos uno por uno. ¡Qué trabajo! La otra, es hacer un tratamiento químico con alguno de los tantos productos que se consiguen en la farmacia. Es verdad que tienen un olor realmente horrible. Pero no hay otro remedio: o te aguantas la picazón o te pones a trabajar o soportas el olor. Y no te olvides de lavar bien la ropa y las sábanas.

Si tienes piojos, recuerda: no siempre debes compartir.

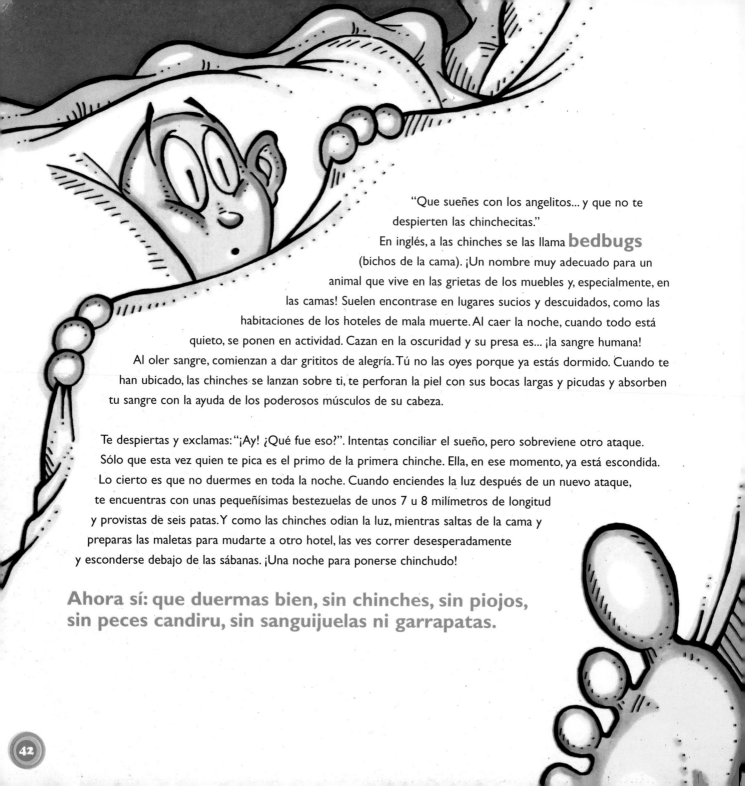

"Que sueñes con los angelitos... y que no te despierten las chinchecitas."

En inglés, a las chinches se las llama **bedbugs** (bichos de la cama). ¡Un nombre muy adecuado para un animal que vive en las grietas de los muebles y, especialmente, en las camas! Suelen encontrase en lugares sucios y descuidados, como las habitaciones de los hoteles de mala muerte. Al caer la noche, cuando todo está quieto, se ponen en actividad. Cazan en la oscuridad y su presa es... ¡la sangre humana! Al oler sangre, comienzan a dar gritos de alegría. Tú no las oyes porque ya estás dormido. Cuando te han ubicado, las chinches se lanzan sobre ti, te perforan la piel con sus bocas largas y picudas y absorben tu sangre con la ayuda de los poderosos músculos de su cabeza.

Te despiertas y exclamas: "¡Ay! ¿Qué fue eso?". Intentas conciliar el sueño, pero sobreviene otro ataque. Sólo que esta vez quien te pica es el primo de la primera chinche. Ella, en ese momento, ya está escondida. Lo cierto es que no duermes en toda la noche. Cuando enciendes la luz después de un nuevo ataque, te encuentras con unas pequeñísimas bestezuelas de unos 7 u 8 milímetros de longitud y provistas de seis patas. Y como las chinches odian la luz, mientras saltas de la cama y preparas las maletas para mudarte a otro hotel, las ves correr desesperadamente y esconderse debajo de las sábanas. ¡Una noche para ponerse chinchudo!

Ahora sí: que duermas bien, sin chinches, sin piojos, sin peces candiru, sin sanguijuelas ni garrapatas.

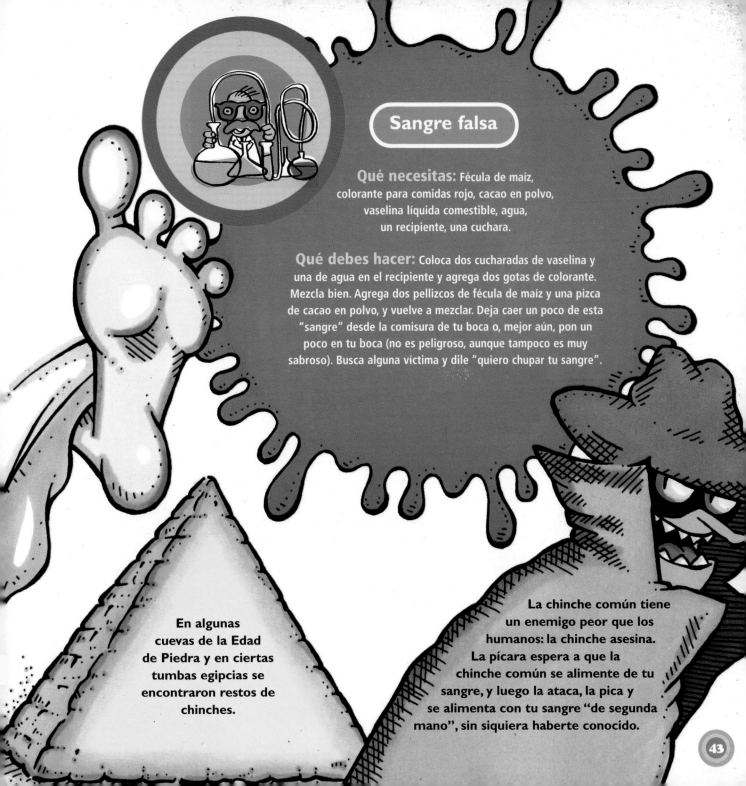

Sangre falsa

Qué necesitas: Fécula de maíz, colorante para comidas rojo, cacao en polvo, vaselina líquida comestible, agua, un recipiente, una cuchara.

Qué debes hacer: Coloca dos cucharadas de vaselina y una de agua en el recipiente y agrega dos gotas de colorante. Mezcla bien. Agrega dos pellizcos de fécula de maíz y una pizca de cacao en polvo, y vuelve a mezclar. Deja caer un poco de esta "sangre" desde la comisura de tu boca o, mejor aún, pon un poco en tu boca (no es peligroso, aunque tampoco es muy sabroso). Busca alguna víctima y dile "quiero chupar tu sangre".

En algunas cuevas de la Edad de Piedra y en ciertas tumbas egipcias se encontraron restos de chinches.

La chinche común tiene un enemigo peor que los humanos: la chinche asesina. La pícara espera a que la chinche común se alimente de tu sangre, y luego la ataca, la pica y se alimenta con tu sangre "de segunda mano", sin siquiera haberte conocido.

fabricantes de baba

A veces la gente puede ser muy babosa. No, no baboso como el vecino que persigue a todas las señoritas del vecindario. Literalmente *babosos*... como el bebé que anda moqueando por toda la casa, o el tío que vuelve todo transpirado después de hacer ejercicio. Si dieras vuelta tu cuerpo como una media, encontrarías un montón de baba, o, mejor dicho, de moco. Sí, tu cuerpo está lleno de glándulas que producen grandes cantidades de moco pegajoso, escurridizo y viscoso, que recorre la garganta, el estómago y los intestinos. Ayuda a atrapar cosas, mover cosas y proteger cosas... ¡Buena cosa, el moco!

Es más: la vida sería bastante "áspera" sin tanto moco... De hecho, "dados vuelta", la mayoría de los animales se verían muy mocosos (o muy babosos), ya que el moco recubre el interior de casi todos ellos. Y hasta hay algunos animales, como la horrible mixina (o lamprea babosa), que tienen moco no sólo en la parte interna, sino también en la parte de afuera.

Bonita, lo que se dice bonita, la **mixina** no es. Esta criatura mocosienta es un pez primitivo, de color gris o café, con cuerpo en forma de gusano y sin huesos, que puede medir hasta un metro de largo. Sus ojitos diminutos no le sirven para ver muy bien. Pero su espantosa boca, formada por un único diente rodeado por labios con **tentáculos**, es ideal para succionar.

Un asco, ¿verdad? Una cara y un cuerpo que únicamente una madre mixina podría amar...

La mixina se ha ganado el apodo de "anguila babosa" o "lamprea babosa" debido a la cantidad de baba que secreta. Si pones una en un balde con agua de mar, secretará tanto líquido que al cabo de unas horas se formará una espesa capa de moco. Sí, tendrás un verdadero **balde de moco...**

La lamprea babosa tiene a lo largo de la parte inferior de su cuerpo una hilera de glándulas productoras de moco. Como lo hace tu nariz cuando estás resfriado, las glándulas secretan continuamente esa sustancia desagradable... Y si alguien molesta a la lamprea babosa, la baba comienza a fluir a borbotones, pues parece que le sirve para protegerse o, quizás, para sofocar a sus víctimas.

La mixina no tiene ni uno, ni dos, ni tres corazones, sino... ¡cuatro! Y cada uno late con un ritmo diferente.

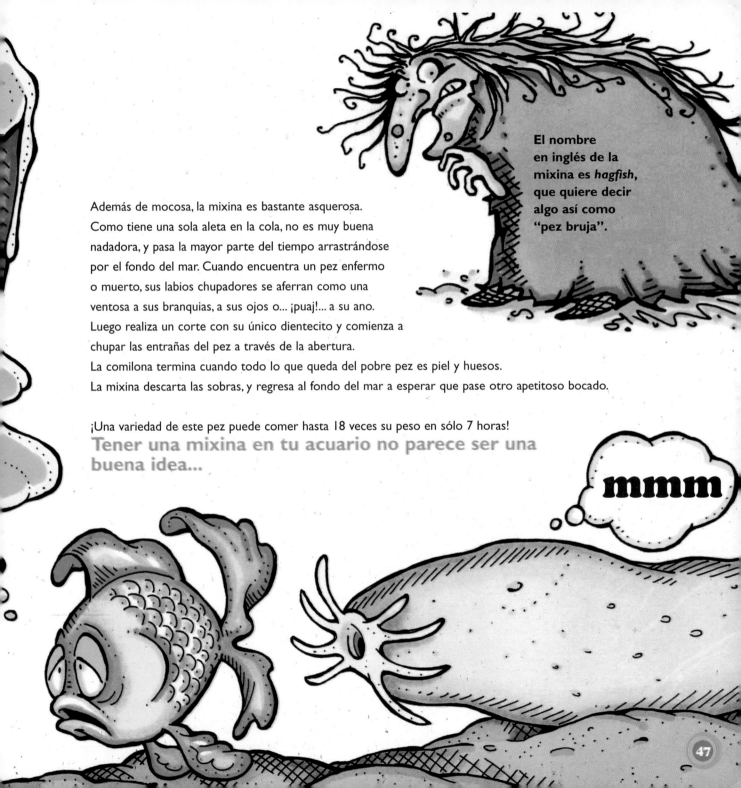

El nombre en inglés de la mixina es *hagfish*, que quiere decir algo así como "pez bruja".

Además de mocosa, la mixina es bastante asquerosa. Como tiene una sola aleta en la cola, no es muy buena nadadora, y pasa la mayor parte del tiempo arrastrándose por el fondo del mar. Cuando encuentra un pez enfermo o muerto, sus labios chupadores se aferran como una ventosa a sus branquias, a sus ojos o... ¡puaj!... a su ano. Luego realiza un corte con su único dientecito y comienza a chupar las entrañas del pez a través de la abertura.

La comilona termina cuando todo lo que queda del pobre pez es piel y huesos.

La mixina descarta las sobras, y regresa al fondo del mar a esperar que pase otro apetitoso bocado.

¡Una variedad de este pez puede comer hasta 18 veces su peso en sólo 7 horas!

Tener una mixina en tu acuario no parece ser una buena idea...

mmm

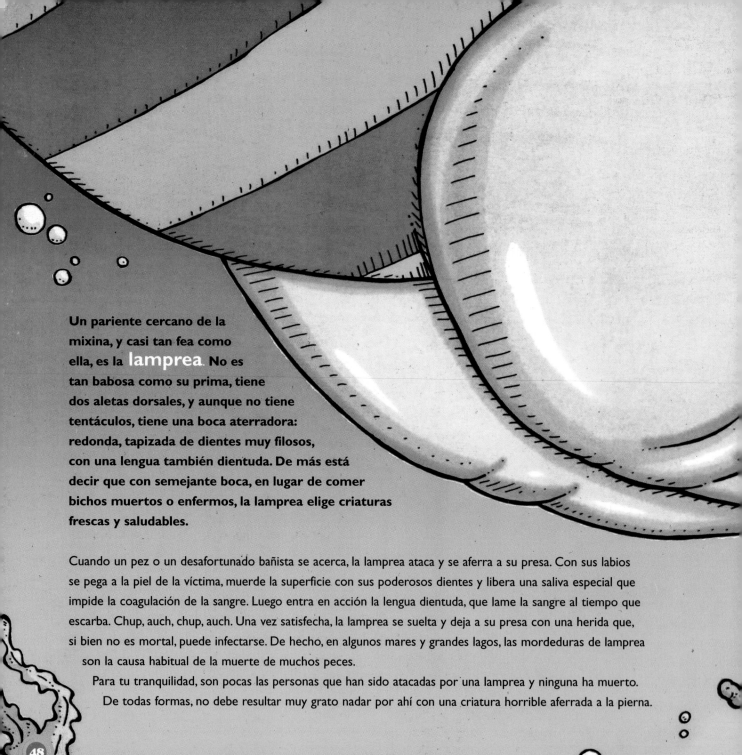

Un pariente cercano de la mixina, y casi tan fea como ella, es la **lamprea**. No es tan babosa como su prima, tiene dos aletas dorsales, y aunque no tiene tentáculos, tiene una boca aterradora: redonda, tapizada de dientes muy filosos, con una lengua también dientuda. De más está decir que con semejante boca, en lugar de comer bichos muertos o enfermos, la lamprea elige criaturas frescas y saludables.

Cuando un pez o un desafortunado bañista se acerca, la lamprea ataca y se aferra a su presa. Con sus labios se pega a la piel de la víctima, muerde la superficie con sus poderosos dientes y libera una saliva especial que impide la coagulación de la sangre. Luego entra en acción la lengua dientuda, que lame la sangre al tiempo que escarba. Chup, auch, chup, auch. Una vez satisfecha, la lamprea se suelta y deja a su presa con una herida que, si bien no es mortal, puede infectarse. De hecho, en algunos mares y grandes lagos, las mordeduras de lamprea son la causa habitual de la muerte de muchos peces.

Para tu tranquilidad, son pocas las personas que han sido atacadas por una lamprea y ninguna ha muerto.

De todas formas, no debe resultar muy grato nadar por ahí con una criatura horrible aferrada a la pierna.

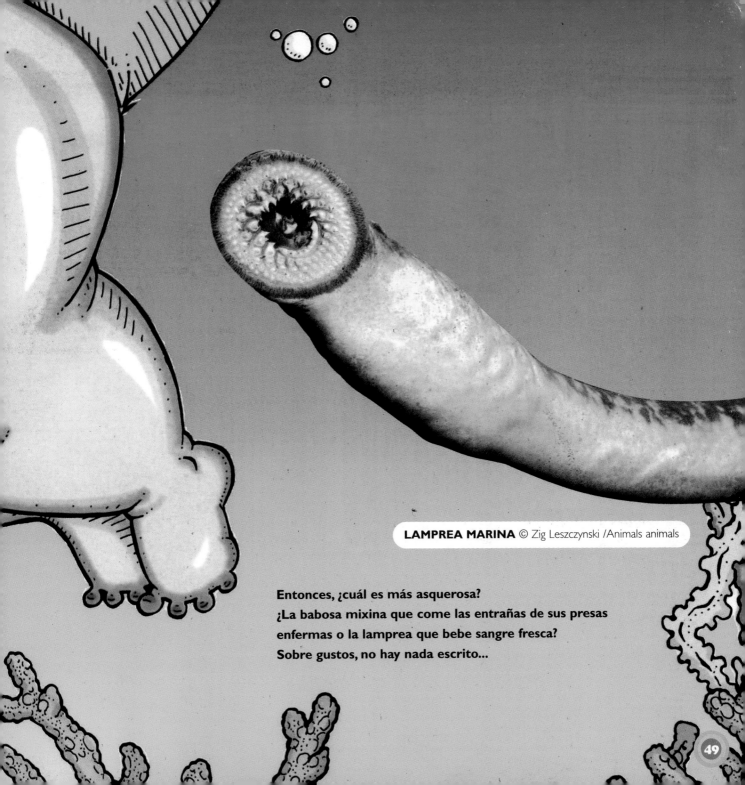

LAMPREA MARINA © Zig Leszczynski /Animals animals

Entonces, ¿cuál es más asquerosa?
¡La babosa mixina que come las entrañas de sus presas
enfermas o la lamprea que bebe sangre fresca?
Sobre gustos, no hay nada escrito...

Despiertas una mañana de verano, luego de una primavera lluviosa. Abres la puerta, sales descalzo al patio y... puaaaaaaaaaaaaajjjjjjjjjjjjjjjj.

Acabas de pisar un bulto amarillo y grasoso. Miras alrededor del patio y descubres que está lleno de criaturas escurridizas que se arrastran. ¡Parecen formas de vida extraterrestre! En un acto de heroísmo, abres el grifo y disparas con la manguera contra la más cercana de esas gelatinas vivientes. Se rompe en pedazos... ¡pero ahora cada parte tiene vida propia y se arrastra por el patio! ¡Socorro! Es el ataque del moho baboso... Caes al suelo y, mientras el terror te paraliza, se te acercan a devorarte... lentamente, bocado a bocado.

Ey, yo creía que éste era un libro que contaba historias reales...
Bueno, esta historia es real, al menos, hasta la parte en que caes al suelo y esperas a ser devorado por el moho baboso... Estas criaturas son reales y no provienen del espacio exterior. No son animales, ni plantas, ni mohos... Pertenecen a otro grupo de seres vivos llamado **Protista**.

Pero este *libro se llama Asquerosología animal, no Asquerosología protista...*

Es cierto, pero estas criaturas son superbabosas y merecen estar incluidas en este capítulo.

Además, no hay muchos libros sobre los protistas, así que bienvenidos los mohos babosos (a quienes los científicos llaman "mohos mucilaginosos").

Estos organismos pueden, de hecho, invadir los patios y jardines de las casas. Es más, en 1973 los habitantes de algunas ciudades de los Estados Unidos entraron en pánico cuando los mohos babosos intentaron tomar sus vecindarios.

No se arrastran muy velozmente, pero pueden moverse tan rápido como una babosa. Y no lo hacen para atacar, sino para alcanzar las bacterias y otros organismos microscópicos con los que se alimentan.

Cada uno de estos organismos es una única célula gigante. Las células son las unidades de todos los seres vivos. En tu cuerpo hay unos siete mil millones (lo que significa que en tu cuerpo hay más células que personas, perros y gatos en el planeta). Aunque un moho baboso es sólo una célula, puede crecer hasta alcanzar el tamaño de la palma de tu mano e incluso el de una toalla de baño. Una célula realmente grande. Si la celulota se parte en pedazos, cada pedacito puede convertirse en una nueva célula.

Seguramente, no se te ocurriría pedir un moho baboso como regalo de cumpleaños. Aunque, bien mirados, podrían resultar excelentes mascotas: no hacen ruido, no dejan pelos en la cama, no traen garrapatas... Sólo se arrastran por ahí. Y algunos son muy coloridos. A principios del siglo XIX, un hombre llamado Kumagusu criaba mohos babosos en su patio. Cuando descubrió que unas babosas del jardín se estaban comiendo a sus queridas mascotas, entrenó a sus gatos para que se convirtieran en feroces guardaespaldas de mohos babosos.

Otra fanática de estas criaturas fue una tal Ruth Nauss. Los mantenía en frascos y platos en el living de su casa, los llevaba de vacaciones y les ponía botellas de agua caliente para que pasaran mejor las frías noches de invierno. ¡Una de sus mascotas llegó a vivir más de nueve años! Si decides que los mohos babosos son el mejor compañero para tu dormitorio, sigue las instrucciones de la página siguiente para criarlos y cuidarlos.

No insistas, no se venden en veterinarias.

El protagonista de *La mancha voraz*, una película de terror de 1958 (cuyo título original es *The blob*), es un horrible monstruo babosiento que se arrastra. Parece un moho baboso gigante y muy malvado.

El moho baboso más grande que alguna vez se haya registrado medía un metro de ancho y diez de largo. Imagina que subes al ómnibus y encuentras una criatura que se arrastra, babea y ocupa casi todo el pasillo...

Mascotas babosas

Qué necesitas: Un lugar donde juntar mohos babosos (un pantano o un bosque húmedo), pañuelos desechables de papel húmedos en una bolsa de plástico, un filtro de café, una taza, agua, harina de avena (tipo *Quaker*), un frasco bien grande con tapa y más toallas de papel.

Qué debes hacer: Busca mohos babosos debajo de maderas podridas y húmedas o de hojas caídas. Cuando encuentres uno, preséntate como su nuevo dueño y coloca a tu flamante amigo dentro de la bolsa de plástico (incluyendo, si es necesario, el pedazo de madera o de hoja donde estaba adherido). Una vez en casa, prepara un hogar para tu mascota de la siguiente manera: tapa la taza con el filtro de café, de modo que quede bien tenso (como si se tratara de un tambor), y ponla dentro del frasco, donde colocarás con cuidado un poco de agua hasta que toque el borde del filtro. Luego, coloca a tu mascota babosa sobre el filtro y aliméntala con una porción pequeña de avena. Tapa ligeramente el frasco para que no entren moscas. Debes alimentar a tu compañero cada día, o cada dos días, y reponer el agua siempre que sea necesario.

Cuando el moho baboso crezca hasta cubrir el filtro, coloca más pañuelos de papel en la pared interna del frasco: si tu amigo está feliz cruzará el foso de agua y se arrastrará sobre los pañuelos. Disfruta de tu nueva mascota y, claro, no te olvides de ponerle un nombre adecuado.

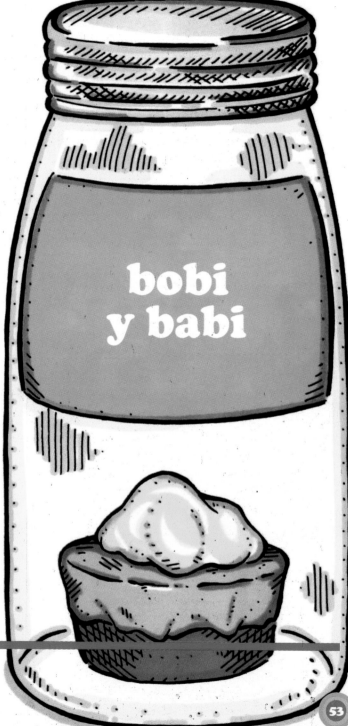

bobi y babi

NIVEL DE AGUA

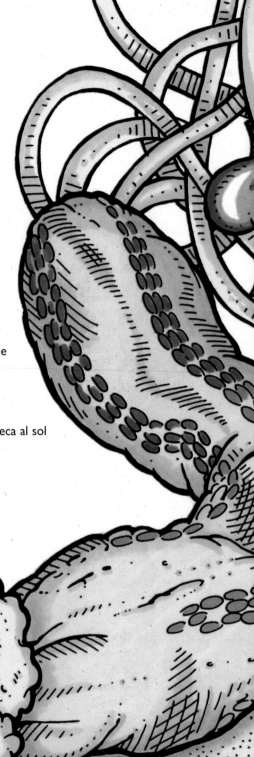

No, no es una fruta que vive en agua salada. Un pepino de mar es un animal marino.

Vayamos directo a los detalles más pegajosos de los pepinos de mar: son como unos enormes bollos inflados, con tentáculos bien mocosos que los ayudan a atrapar la comida.

Estos animales, como casi todos los que se alimentan del fondo arenoso del mar, incorporan el alimento granito por granito... Por eso comen día y noche, sin parar, para obtener todo lo que necesitan. ¿Y qué crees que comen? Todo lo que va a parar al fondo del mar. Por año, los pepinos de mar procesan unos 45 kilos de porquerías orgánicas.

Interesante, sí, pero no parece tan baboso ni tan asqueroso. Es que eso no es todo. Los pepinos de mar tienen una piel que parece cuero viscoso y que libera una baba venenosa. Así, evitan que los peces se los coman... ¡pero no que se los coman los humanos! **¡Asqueroso!**

El plato que se elabora con pepinos de mar es de origen asiático y se llama **trepang**. Se atrapan los pepinos, se cortan al medio, se hierven y se los seca al sol para hacer finalmente una rica sopa.

De nuevo interesante, pero no parece tan baboso ni tan asqueroso.

Probemos con esto:

Cuando un pepino de mar se asusta... saca el intestino por el ano.

Ahora sí empieza a gustarme.

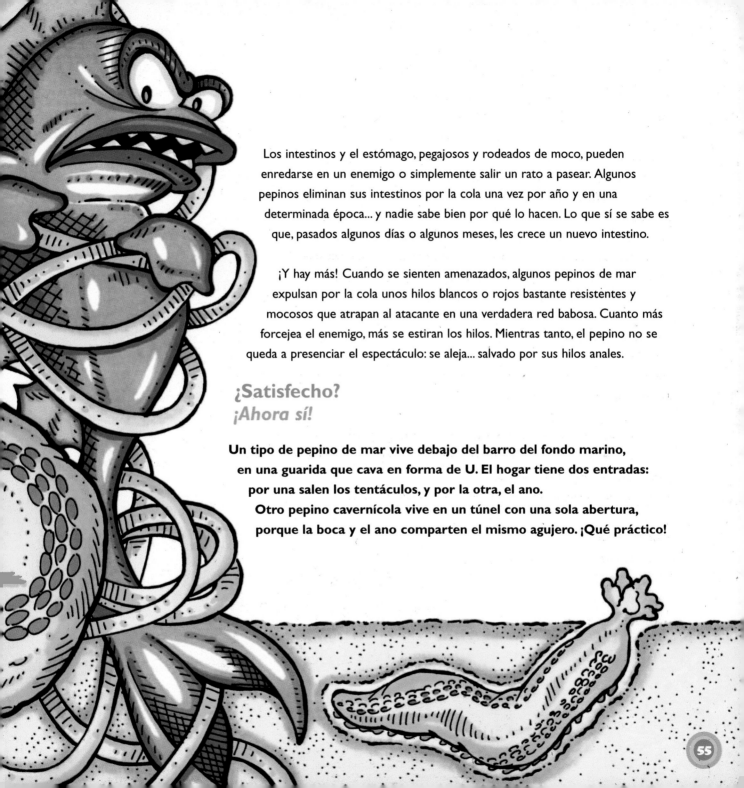

Los intestinos y el estómago, pegajosos y rodeados de moco, pueden enredarse en un enemigo o simplemente salir un rato a pasear. Algunos pepinos eliminan sus intestinos por la cola una vez por año y en una determinada época... y nadie sabe bien por qué lo hacen. Lo que sí se sabe es que, pasados algunos días o algunos meses, les crece un nuevo intestino.

¡Y hay más! Cuando se sienten amenazados, algunos pepinos de mar expulsan por la cola unos hilos blancos o rojos bastante resistentes y mocosos que atrapan al atacante en una verdadera red babosa. Cuanto más forcejea el enemigo, más se estiran los hilos. Mientras tanto, el pepino no se queda a presenciar el espectáculo: se aleja... salvado por sus hilos anales.

¿Satisfecho?
¡Ahora sí!

Un tipo de pepino de mar vive debajo del barro del fondo marino, en una guarida que cava en forma de U. El hogar tiene dos entradas: por una salen los tentáculos, y por la otra, el ano.
Otro pepino cavernícola vive en un túnel con una sola abertura, porque la boca y el ano comparten el mismo agujero. ¡Qué práctico!

Seguramente has visto un caracol arrastrándose por el jardín. Con su pie escurridizo y carnoso resulta un bichito bastante asqueroso. Imagínalo ahora sin su caparazón. ¿No es aún más repugnante? Ese montón de mocos se llama **babosa**. ¿Adivinas por qué?

Las babosas son inofensivas; pero dan tanto asco que la mayoría de las personas prefiere no tocarlas. Claro que hay excepciones. Algunos naturalistas no sólo las tocan, sino que también las levantan... ¡y hasta las lamen y les dan besitos! ¡Asqueroso! Lo hacen hasta que se enteran de que los cuerpos de las babosas pueden estar cubiertos con garrapatas diminutas. ¡**Puajjjjjjj**!

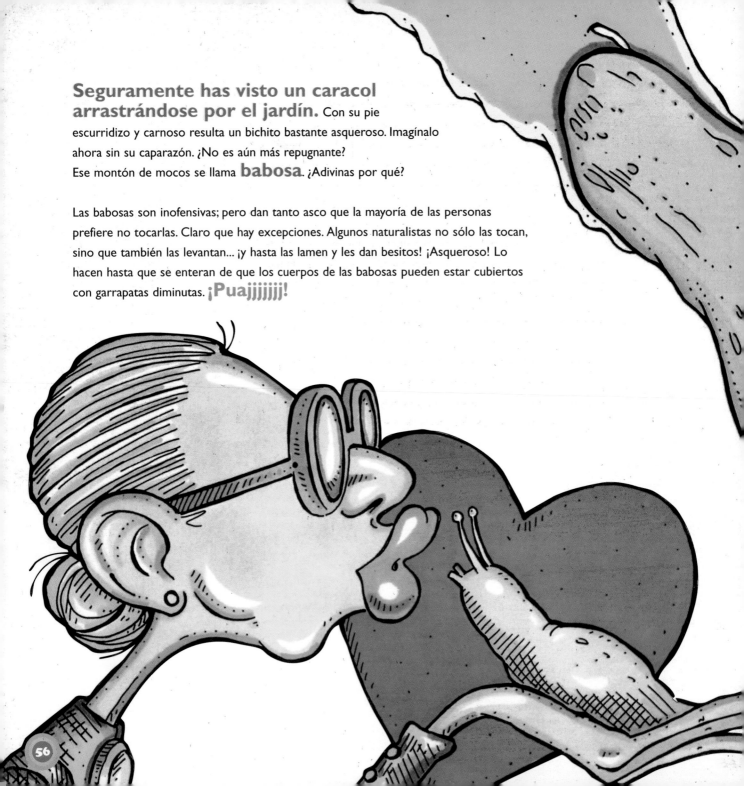

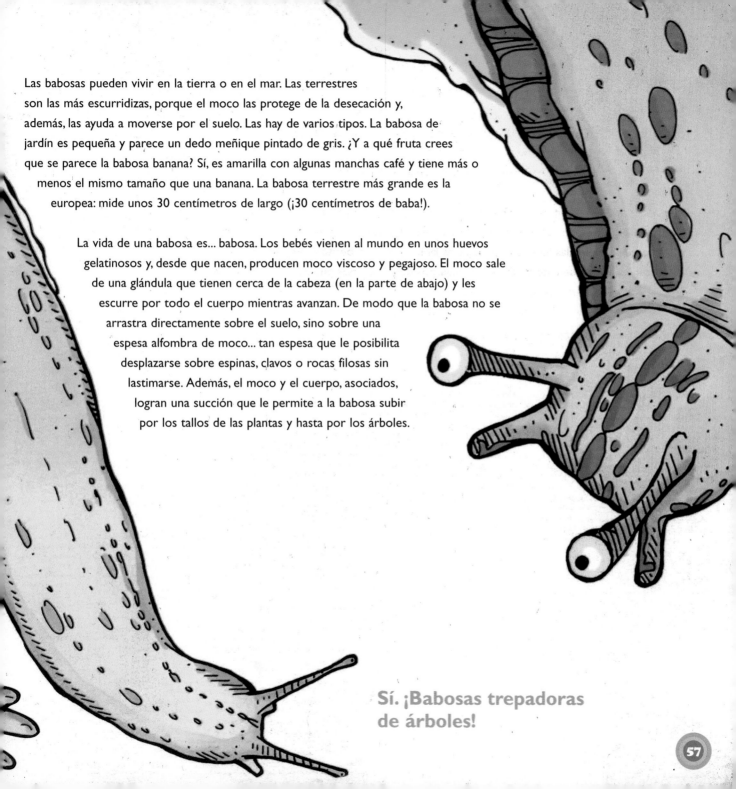

Las babosas pueden vivir en la tierra o en el mar. Las terrestres son las más escurridizas, porque el moco las protege de la desecación y, además, las ayuda a moverse por el suelo. Las hay de varios tipos. La babosa de jardín es pequeña y parece un dedo meñique pintado de gris. ¿Y a qué fruta crees que se parece la babosa banana? Sí, es amarilla con algunas manchas café y tiene más o menos el mismo tamaño que una banana. La babosa terrestre más grande es la europea: mide unos 30 centímetros de largo (¡30 centímetros de baba!).

La vida de una babosa es... babosa. Los bebés vienen al mundo en unos huevos gelatinosos y, desde que nacen, producen moco viscoso y pegajoso. El moco sale de una glándula que tienen cerca de la cabeza (en la parte de abajo) y les escurre por todo el cuerpo mientras avanzan. De modo que la babosa no se arrastra directamente sobre el suelo, sino sobre una espesa alfombra de moco... tan espesa que le posibilita desplazarse sobre espinas, clavos o rocas filosas sin lastimarse. Además, el moco y el cuerpo, asociados, logran una succión que le permite a la babosa subir por los tallos de las plantas y hasta por los árboles.

Sí. ¡Babosas trepadoras de árboles!

57

Algunas babosas pueden fabricar una especie de cuerda de moco en una zona cerca de la cola. La cuerda les permite bajar desde algún lugar alto. No debe de ser muy agradable encontrarse con una babosa que cuelga de una cuerda.

Si es atacada, una babosa se acurruca y se transforma en una pelota de moco, que para algunos de sus enemigos resulta demasiado grande y resbaladiza. A otros predadores parece darles asco su consistencia babosa, y, mientras se quitan la baba de encima, nuestra amiga aprovecha la ocasión para escapar despacito. Y otros prefieren cambiar de menú porque el moco les resulta demasiado repugnante. Es fácil comprenderlos.

¡Puajjjjjjjjj!

Sin embargo, a otros animales, como las serpientes, las salamandras e incluso otras babosas, no parece resultarles tan terrible el sabor a moco. Y aunque no vas a encontrar a las babosas en el menú de ningún restaurante, lo cierto es que algunas personas las han comido. Cuando la comida escaseaba, ciertas tribus de Norteamérica comían babosas. Y en algunos pueblos de Alemania se comían bocaditos de babosa. Puedes prepararlas de la siguiente manera: quítale a la babosa los intestinos y otras porquerías; sácales la baba sumergiéndolas en vinagre; escúrrelas y fríelas en aceite bien caliente. ¿Te animas? Tal vez sean deliciosas...

A la hora de limpiarse, la babosa directamente se libra de la cubierta de moco y la reemplaza por una nueva. Para hacerlo, se escurre fuera del tubo sucio de baba. Cuando tiene casi todo el cuerpo afuera y sólo le queda adentro la punta de la cola, la babosa muerde o directamente se come la ropa sucia. Inmediatamente, se desarrolla otra cubierta mocosa, impecable y reluciente. Nada de lamerse, lavarse o frotarse. Baba nueva y ¡listo!

La babosa banana es la mascota de la Universidad de California en Santa Cruz, Estados Unidos.

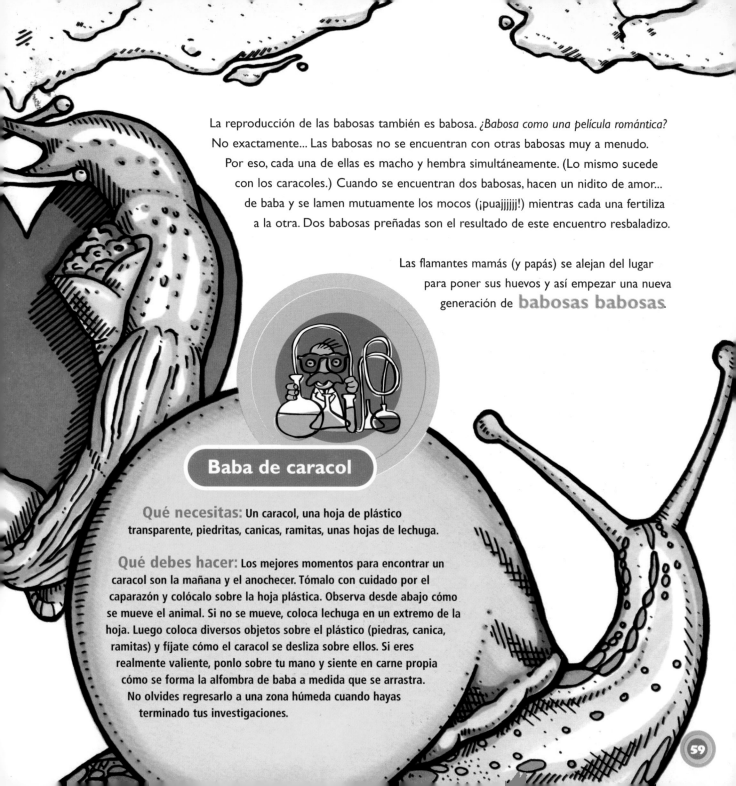

La reproducción de las babosas también es babosa. ¿Babosa como una película romántica? No exactamente... Las babosas no se encuentran con otras babosas muy a menudo. Por eso, cada una de ellas es macho y hembra simultáneamente. (Lo mismo sucede con los caracoles.) Cuando se encuentran dos babosas, hacen un nidito de amor... de baba y se lamen mutuamente los mocos (¡puajjjjjj!) mientras cada una fertiliza a la otra. Dos babosas preñadas son el resultado de este encuentro resbaladizo.

Las flamantes mamás (y papás) se alejan del lugar para poner sus huevos y así empezar una nueva generación de **babosas babosas**.

Baba de caracol

Qué necesitas: Un caracol, una hoja de plástico transparente, piedritas, canicas, ramitas, unas hojas de lechuga.

Qué debes hacer: Los mejores momentos para encontrar un caracol son la mañana y el anochecer. Tómalo con cuidado por el caparazón y colócalo sobre la hoja plástica. Observa desde abajo cómo se mueve el animal. Si no se mueve, coloca lechuga en un extremo de la hoja. Luego coloca diversos objetos sobre el plástico (piedras, canica, ramitas) y fíjate cómo el caracol se desliza sobre ellos. Si eres realmente valiente, ponlo sobre tu mano y siente en carne propia cómo se forma la alfombra de baba a medida que se arrastra. No olvides regresarlo a una zona húmeda cuando hayas terminado tus investigaciones.

amantes de la caca

Pajarito que nos miras desde el cielo,
y desde allí nos disparas regalitos,
¿no te parece a ti una gran suerte
que las vacas no vuelen ni un poquito?

Sí, los pajaritos lo hacen. Y también lo hacen las abejas, las vacas, los elefantes y las pulgas. Todos los seres vivos lo hacen.

Todos los seres vivos eliminan desechos. Y todos lo hacen en forma de caca. Caca en la tierra, caca en los lagos y caca en los océanos. ¿Y las plantas? Bueno, la caca de las plantas no es exactamente como la caca de perro. El desecho de las plantas es el oxígeno; el mismo que necesitamos para respirar. La caca de las plantas es nuestro aire fresco.

El suelo en el que crecen las plantas (incluidas las que tú comes) está lleno de desechos de lombrices y de insectos. Cuanto más caca tenga el suelo, más fértil será. Podrías afirmar que todo viene de la caca.

Caca, número dos, popó y lo segundo son algunas de las palabras que usamos para describir nuestros desechos más conocidos. Sí, seguro, podríamos agregar a la lista esas otras en que estás pensando, pero quedarían feas escritas aquí.

Hay, además, palabras especiales para referirse a los desechos de los animales. Las vacas, los elefantes y los camellos, por ejemplo, dejan **bosta** en los caminos. Los animales de granja producen **estiércol**. En la selva, entonces, un elefante hace bosta; pero si lo domesticaras y viviera en tu jardín, dirías que hace estiércol. Por alguna extraña razón, estiércol suena más elegante que bosta.

Los ciervos, los alces y las cabras dejan deyecciones (o *pellets*) en el suelo, que son bolitas muy diferentes de los montículos de caca de caballo con los que seguramente te has cruzado en el campo.

Llama a las cosas por su nombre

Nombre	Animal
Caca, popó, lo segundo, número dos...	Todos (incluyéndote a ti)
Bosta	Herbívoros grandes (vacas, camellos, elefantes)
Estiércol	Animales de granja
Deyecciones, *pellets*	Ciervos, alces, conejos
Deyecciones	Aves
Guano	Murciélagos, aves marinas
Heces, material fecal, excrementos, productos de egestión	Nombres científicos para cualquiera de los anteriores

Como símbolo de prosperidad, en ciertas zonas rurales de Alemania la gente solía dejar pilas de estiércol frente a sus casas. Cuanto más alta fuera la montaña, más ricos eran quienes allí vivían.

Las aves hacen deyecciones, y a veces... desde grandes alturas (tal vez, sobre tu cabeza o sobre el vidrio del auto de tu tío).

El popó de los murciélagos y las aves marinas tiene otro nombre: **guano**. Las aves marinas, como las gaviotas, suelen volar todas juntas, en bandadas, y arrojar su guano en el mismo lugar. Hay gente que junta ese guano y lo usa como fertilizante.

Si quieres hablar científicamente sobre este tema, debes usar palabras más elegantes: heces, materia fecal, excrementos o productos de egestión. Si todo este engorro de términos caquísticos te resulta difícil de recordar, echa mano a la tabla de la página anterior y así podrás lucirte en la próxima reunión que tengas en casa de tu abuela.

El juego de las manchas (de caca)

Qué necesitas:
Varios amigos, un lugar al aire libre para jugar, una lista de los diferentes nombres de la caca.

Qué debes hacer:
El juego se realiza dentro de los límites que los participantes establezcan de antemano. Uno será el escatólogo (o experto en caca) y deberá atrapar al resto de los participantes. Cuando uno es atrapado, tiene dos segundos para liberarse diciendo alguno de los posibles nombres para la caca. Cada nombre puede usarse una sola vez. Quien tarde más de dos segundos o repita uno de los nombres, quedará fuera del juego. Gana el que quede último, además del escatólogo.

Los **escatólogos** estudian científicamente la caca. ¡Tú también puedes llegar a ser uno!

Quizás pienses que, aunque tienen distintos nombres, todas las cacas son iguales. No es así. Un escatólogo principiante puede distinguir fácilmente los excrementos de un carnívoro de los de un herbívoro. Las heces de un animal que come carne suelen contener pelos, plumas y huesos. Los herbívoros, por su parte, dejan en sus desechos trozos de plantas, pajas o semillas. Los animales que comen peces u otros seres marinos hacen caca con olor a pescado (¿te animas a olerla?).

La textura y la forma son importantes a la hora de identificar las heces. Seguramente has visto caca de perro o de gato. La de sus parientes salvajes se ve bastante similar, salvo por un detalle evidente: los coyotes y los pumas no comen alimento balanceado, por lo que sus excrementos suelen contener pelos y huesos. Los pelos mantienen unidos los desechos y ayudan a formar bolos de mayor tamaño, así que las "salchichas" son mucho más grandes y puntiagudas que las que producen Sultán o Minina.

Y a diferencia de Minina, que hace caca en un único sitio, el mundo entero es el lugar donde los felinos salvajes hacen sus necesidades. Así que si ves en el suelo desechos semienterrados con marcas de garras alrededor, ponte alerta: un gato salvaje podría estar cerca.

Las deyecciones de los pájaros son, en realidad, una mezcla de pis y caca. La caca es lo del centro y la sustancia blanca que lo envuelve es el pis. El pis de las aves es muy concentrado, porque aprovechan casi toda el agua y las sales que ingieren. Está compuesto casi únicamente de ácido úrico. El pis de las personas, en cambio, es mucho menos concentrado y tiene urea en lugar de ácido úrico.

Si te topas con una pila de bolitas de caca, puedes estar seguro que un conejo, un ciervo o un alce anduvo por allí. Las bolitas de los conejos son las más pequeñas y las más redondas, como canicas. La caca de los ciervos es un poco más aplanada y de color café oscuro. Ahora, si lo que encuentras es una gran pelota de caca con pasto adentro, probablemente se trate del recuerdo de un caballo.

Hace falta un ojo bien entrenado para identificar a un pájaro por la huella de su caca. Sin embargo, el escatólogo avanzado es capaz de hacerlo sin inconvenientes. Para lograrlo, debes observar cuidadosamente el centro de materia fecal y la sustancia blanca que lo rodea.

Las deyecciones de los **patos** tienen un montón de materia fecal, usualmente de color café, pero casi no tienen aureola blanca. Las **lechuzas**, en cambio, no dejan materia fecal, por lo que sus desechos no tienen centro de caca (¿recuerdas que vomitan *pellets* formados por los huesos y la piel de su alimento?).

Algunos coleccionan estampillas. Otros, monedas. La colección del investigador Olaus Murie contiene más de 1.200 muestras de caca de diversos animales. Las heces fueron secadas, barnizadas y etiquetadas.

Podríamos pasar horas investigando las diferentes cacas que caen del cielo. Pero, lamentablemente, la extensión de este libro no nos permite continuar con este tema tan fascinante... Si quieres convertirte en un escatólogo experto en aves, ¡adelante!

No, gracias...

Los ciervos defecan entre 13 y 22 veces por día. ¿Te imaginas si tuvieras que hacerlo tan seguido?

A los perros les encanta jugar con la caca...
¡y comérsela!

Has notado que los perros mascan y lamen alegremente la caca?

"¡Sultán, deja eso inmediatamente!" Quizás nos estamos perdiendo algo... *No lo creo.*

¡Puajjjjjjjjjjjj!

El nombre científico para decir "comer caca" es "coprofagia", que viene del griego:

copro- (excrementos) y *-fagia* (comer).

Parece que en la Tierra se come caca desde hace muchísimo tiempo...

Los perros son bastante refinados para elegir la caca con la que van a hacerse un festín.
La favorita es la que tiene pedacitos de comida sin digerir. Y una vez que Boby se hace adicto
a estas delicias, es muy difícil que abandone el hábito. Nadie sabe bien por qué a los perros
les gusta tanto la caca. Aunque hay varias teorías: que se aburren, que su dieta no está bien
balanceada, que están faltos de vitaminas o minerales o que
tienen algún problema digestivo. Y algunos dicen que
este comportamiento es perfectamente normal.

Nacido para comer caca...

**Cuando los perros se saludan, se
huelen mutuamente los traseros.
Existen buenas razones para esta
práctica: junto al ano de los
perros hay glándulas odoríferas
que los ayudan a identificarse.**

Sniff, sniff.
"¡Ah, Campeón, eras tú!
No te había reconocido."

La coprofagia perruna suele resultar inofensiva. Sin embargo, algunas veces, los excrementos contienen gérmenes peligrosos que pueden enfermar a tu perro. Como tu mascota no puede diferenciar una caca "buena" de una "mala", lo mejor será que la ayudes a dejar el hábito.

Si no sabes cómo, pídele consejos al veterinario. Aunque, a decir verdad, algunos dueños de perro han intentado varios tratamientos sin ningún resultado. Si estás entre los desafortunados, al menos evita que tu perro te lama efusivamente luego de haberse dado un banquete.

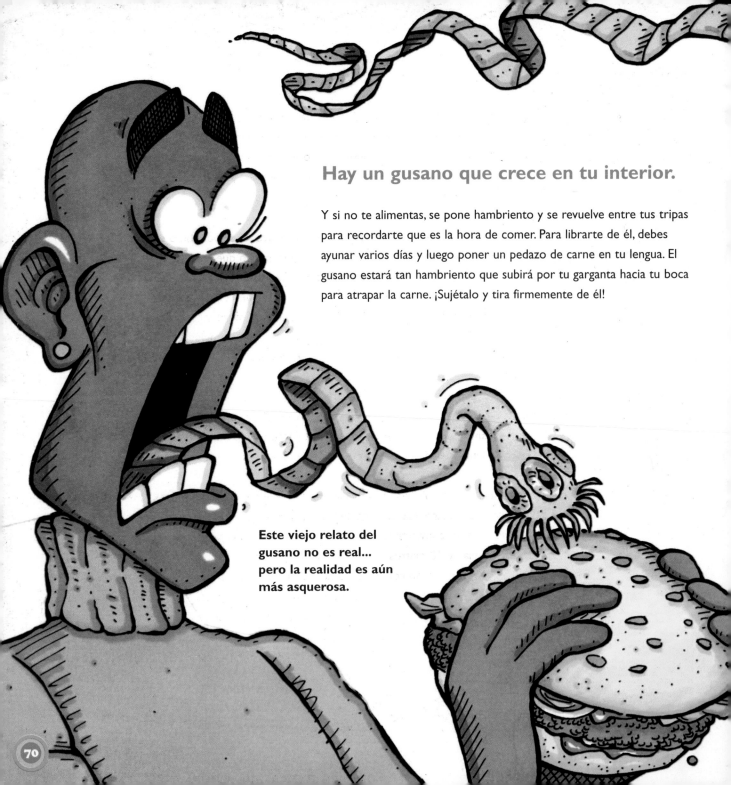

Hay un gusano que crece en tu interior.

Y si no te alimentas, se pone hambriento y se revuelve entre tus tripas para recordarte que es la hora de comer. Para librarte de él, debes ayunar varios días y luego poner un pedazo de carne en tu lengua. El gusano estará tan hambriento que subirá por tu garganta hacia tu boca para atrapar la carne. ¡Sujétalo y tira firmemente de él!

Este viejo relato del gusano no es real... pero la realidad es aún más asquerosa.

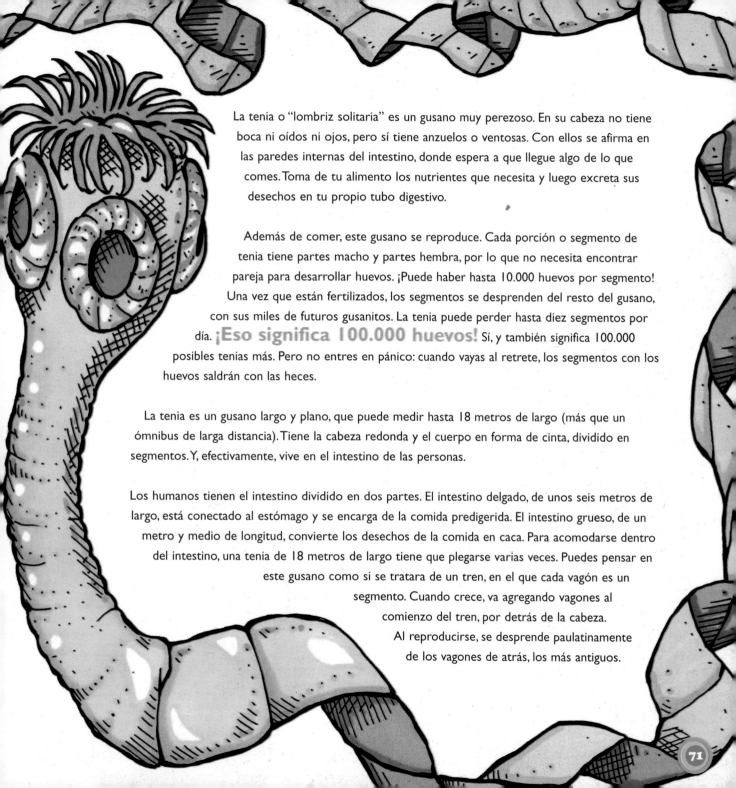

La tenia o "lombriz solitaria" es un gusano muy perezoso. En su cabeza no tiene boca ni oídos ni ojos, pero sí tiene anzuelos o ventosas. Con ellos se afirma en las paredes internas del intestino, donde espera a que llegue algo de lo que comes. Toma de tu alimento los nutrientes que necesita y luego excreta sus desechos en tu propio tubo digestivo.

Además de comer, este gusano se reproduce. Cada porción o segmento de tenia tiene partes macho y partes hembra, por lo que no necesita encontrar pareja para desarrollar huevos. ¡Puede haber hasta 10.000 huevos por segmento! Una vez que están fertilizados, los segmentos se desprenden del resto del gusano, con sus miles de futuros gusanitos. La tenia puede perder hasta diez segmentos por día. ¡Eso significa 100.000 huevos! Sí, y también significa 100.000 posibles tenias más. Pero no entres en pánico: cuando vayas al retrete, los segmentos con los huevos saldrán con las heces.

La tenia es un gusano largo y plano, que puede medir hasta 18 metros de largo (más que un ómnibus de larga distancia). Tiene la cabeza redonda y el cuerpo en forma de cinta, dividido en segmentos. Y, efectivamente, vive en el intestino de las personas.

Los humanos tienen el intestino dividido en dos partes. El intestino delgado, de unos seis metros de largo, está conectado al estómago y se encarga de la comida predigerida. El intestino grueso, de un metro y medio de longitud, convierte los desechos de la comida en caca. Para acomodarse dentro del intestino, una tenia de 18 metros de largo tiene que plegarse varias veces. Puedes pensar en este gusano como si se tratara de un tren, en el que cada vagón es un segmento. Cuando crece, va agregando vagones al comienzo del tren, por detrás de la cabeza. Al reproducirse, se desprende paulatinamente de los vagones de atrás, los más antiguos.

Si algún animal —una vaca, un cerdo, un buey— come caca infectada con huevos de tenia, los huevitos se desarrollan en los músculos del animal. Una tenia en desarrollo tiene el aspecto de una ampolla pequeñita que contiene la cabeza del gusano... *¡Qué tierna!* Así que si una persona come luego carne de ese mismo animal...

¡Voilà! Nace una tenia.

Las tenias que se alojan comúnmente en los humanos son las de vaca, las de cerdo, las de pescado y las tenias enanas. Las tres primeras provienen de carne infectada que no ha sido bien cocida. "A mí me gustan los filetes jugosos." "Y yo adoro el sushi." La carne infectada tiene marcas que parecen de sarampión y que son, en realidad, los gusanos bebé. De cualquier manera, no hace falta que te conviertas en vegetariano: la carne pasa por muchos controles sanitarios antes de ponerse a la venta. La tenia enana, como su nombre lo indica, es pequeñita: mide menos de dos centímetros de largo, y también se libera con las heces.

Los huevos se propagan con las mismas manos con las que te limpiaste en el excusado.

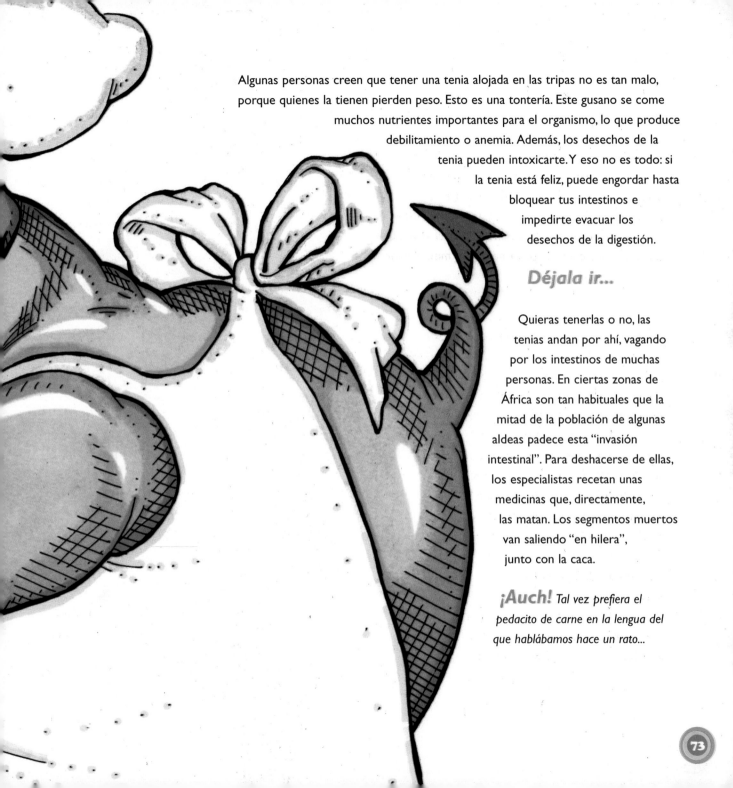

Algunas personas creen que tener una tenia alojada en las tripas no es tan malo, porque quienes la tienen pierden peso. Esto es una tontería. Este gusano se come muchos nutrientes importantes para el organismo, lo que produce debilitamiento o anemia. Además, los desechos de la tenia pueden intoxicarte. Y eso no es todo: si la tenia está feliz, puede engordar hasta bloquear tus intestinos e impedirte evacuar los desechos de la digestión.

Déjala ir...

Quieras tenerlas o no, las tenias andan por ahí, vagando por los intestinos de muchas personas. En ciertas zonas de África son tan habituales que la mitad de la población de algunas aldeas padece esta "invasión intestinal". Para deshacerse de ellas, los especialistas recetan unas medicinas que, directamente, las matan. Los segmentos muertos van saliendo "en hilera", junto con la caca.

¡Auch! *Tal vez prefiera el pedacito de carne en la lengua del que hablábamos hace un rato...*

Para algunos animales, la caca es su vida.

Una entrevista con un escarabajo pelotero sería bastante asquerosa. "Amo la caca. He nacido en ella. La como, la modelo... Mi vida está colmada de popó."

Cuando huelen ese aroma tan particular, los escarabajos pelotero enloquecen de alegría.

"¡Sí, caca! ¡Allá voy!"

Una atractiva pila de excrementos puede convocar a estos animales desde muy lejos. Por ejemplo, un pastel de 30 litros de bosta de elefante –sí, los elefantes defecan a lo grande– puede atraer a miles de escarabajos en busca de comida fresca. **Aaaaammmmm...**

Algunos escarabajos pelotero simplemente comen los excrementos frescos y tibios que encuentran; pero el scarab, en cambio, es un verdadero gourmet.

Este escarabajo no come cualquier bosta que encuentra por ahí, sino que la revisa y la clasifica con cuidado, pedacito a pedacito: "Paja. No, la corro a un costado con mi cabeza plana. Huevos de gusano. Puajjj, los separo con mis patas delanteras. **Ahora sí: caca pura y limpia. ¡A trabajar!"**

Luego de la clasificación exhaustiva, el scarab carga los manojos de caca depurada y los abraza con mucho cuidado. "Mmmmm... es mía, mía, mía." Después, con sus patas traseras curvas, comienza a darle forma al botín, mientras le agrega más y más caca. Ya tiene el tamaño de una canica... "No es suficiente. Necesito más." ¡Ya tiene el tamaño de un limón! "¡Más! ¡Más!" ¡¡¡Ya tiene el tamaño de una manzana!!! "Ahora sí, ya casi está." Y la escultura es bastante más grande que el propio artista. **¿Será esto _popó art?_**

El modelado es sólo el comienzo del trabajo. El *scarab* se coloca en posición: se encarama con sus patas traseras sobre la bola de caca y apunta la cabeza hacia el suelo. Y ahora… ¡a rodar!

Los más talentosos pueden mover su tesoro hasta 15 metros por minuto. Pero, en general, las condiciones no son óptimas y las ondulaciones del terreno hacen que el escarabajo tropiece. "No importa. Arriiiiiiiiiba por la colina. Abaaaaaaajo por la ladera." Un escarabajo puede tropezar varias veces antes de decidirse a seguir otro camino.

Por si fuera poco, suele haber ladrones. "Aquél lleva una pelota de caca perfecta. Si se la robo no tendré que fabricar una para mí." Algunas veces, el ladrón simula ayudar al escarabajo trabajador y, cuando encuentra la ocasión, trata de escapar con el botín. El ladrón se aferra a la bola, mientras su legítimo dueño se sube a la cima para reclamar lo que es suyo. El invasor trata entonces de derribarlo y ser él quien quede parado sobre la bola. Imagínate el cuadro: una verdadera batalla por la pelota de caca. "¡Mía!" "No. ¡Mía!" "No. ¡Mía!" "No. ¡Mía!"

ESCARABAJO PELOTERO © Stan Osolinsky/FPG International

La batalla por la bola de caca acaba cuando uno de los escarabajos se da por vencido. Afortunadamente para ellos, no suele haber heridos de guerra.

Si el *scarab* sortea las dificultades del camino y logra deshacerse de sus atacantes, traslada su pelota a un lugar seguro, una suerte de sepultura que él mismo cava. Allí la pelota estará a salvo y le brindará al escarabajo días de deliciosos bocados.

El escarabajo pelotero preferirá siempre una bola de caca... a una de cacao.

La bola de caca es mucho más que comida para el escarabajo: también le sirve de guardería para sus bebés.

Los antiguos egipcios consideraban a los scarab animales sagrados. Creían que el hacer rodar la bola simbolizaba la fuerz que hacía girar al S en el cielo.

En algunas especies, es la hembra quien se ocupa de fabricar y mover la pelota. En otras, el macho y la hembra comparten el trabajo. A veces, el macho modela la bola ("Justo como la había imaginado, querido") y ambos se ocupan del traslado: él empuja y ella tira. Otras, el macho modela y la hembra se ocupa de llevar la bola al hogar, caminando sobre ella y haciéndola girar.

Una vez en casa, la escarabaja pone sus huevos en la pelota, de donde saldrán las larvas (unos gusanos gorditos). Cada larvita se alimentará de la caca que le sirve de cuna. Pero no lo hará desordenadamente: "comerá" un túnel que le permita salir de la pelota.

Los escarabajos pelotero son maravillosos. *Dicen que sobre gustos no hay nada escrito.* Si no fuera por ellos, habría pilas de excrementos por todos lados, y el mundo estaría enterrado en caca.

De acuerdo, me convenciste. Los escarabajos pelotero son necesarios... y maravillosos.

Galletas... de caca

Qué necesitas: Un recipiente, una bandeja para horno, una cacerola, una cuchara para mezclar, una cuchara de madera, 1/2 taza de margarina, 4 cucharaditas de cacao en polvo, 1/2 taza de azúcar negra, 1/2 taza de azúcar blanca, un huevo, 1/2 cucharadita de esencia de vainilla, 1 taza de harina, 1 taza de avena, 1 taza de cereales y colorante para comidas verde.

Qué debes hacer: Antes de preparar la masa, pídele a un adulto que encienda el horno al máximo. Coloca la margarina, el azúcar blanca y el cacao en la cacerola, y llévala a fuego mínimo hasta que se derritan todos los ingredientes. Apaga el fuego, mezcla con cuchara de madera y reserva. En el recipiente coloca el azúcar negra, el huevo, la esencia de vainilla, la harina y la avena. Revuelve bien y agrega la mezcla de cacao derretido. Sigue mezclando, mientras agregas unas gotas de colorante verde. Coloca los cereales y revuelve suavemente. Toma pequeñas porciones y dales forma de caca (bosta de vaca, pequeños excrementos de gato o lo que se te ocurra). Al moldear las galletas, ten en cuenta que la masa se aplanará un poco durante la cocción. Pon las galletas sobre la bandeja y pídele a un adulto que las cocine en el horno durante unos 10 minutos. Déjalas enfriar y coloca una sobre una servilleta. Busca a alguien que no te haya visto cuando cocinabas las galletas y dile:

"¿Quieres probar esto que encontré en el jardín?"

¡Guau! No te pierdas los otros increíblemente desagradables títulos de Asquerosología. (Pídelos en la librería. Si no los encuentras, llora, moquea, suda, y deja que todo tu cuerpo se exprese. ¡Que los disfrutes!)

Asquerosología de la cabeza a los pies

A veces, apesta. A veces, cruje. Y a veces, resulta pegajoso. Pero… es tu cuerpo.
Descubre el costado científico de tus olores, tus heridas y tus desperdicios. ¡Los vómitos, los granos y los pies olorosos nunca fueron tan interesantes y divertidos!

Asquerosología del cerebro a las tripas

Esta exploración apestosa por el interior de tu cuerpo incluye todo: desde la sangre hasta las verrugas, desde el estreñimiento hasta las erupciones, desde el cerebro hasta las várices. ¡Asquerosamente entretenido!

Todos con el estilo iamiqué:
sencillo, divertido… y con mucho rigor científico.

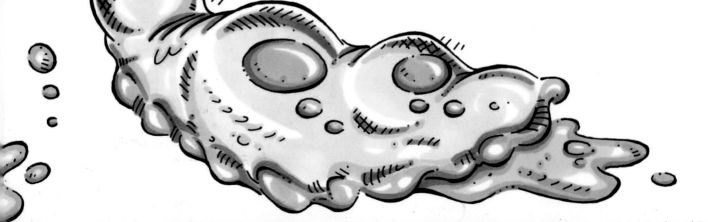

¡Buenas noticias! Hay más libros de Asquerosología

¿Ya eres parte de los seguidores de
ediciones iamiqué?

La luz y los colores
para los más curiosos

Terremotos y volcanes
para los más curiosos

La Tierra y el Sol
para los más curiosos

Guía turística del
Sistema Solar

Ecología hasta
en la sopa

Química hasta
en la sopa

info@iamique.com.ar
www.iamique.com.ar
facebook: ediciones iamiqué
twitter: @_iamique_

Este libro apestoso, vomitivo
y asqueroso, se imprimió
en febrero de 2015 en
Grancharoff Impresores,
Tapalqué 5868, Ciudad de
Buenos Aires, Argentina.
impresores@grancharoff.com